Le pouvoir d'achat baisse

Le pouvoir d'achat baisse

André BABEAU

Les Echos
EDITIONS

EYROLLES

Éditions Eyrolles
61, bd Saint-Germain
75240 Paris Cedex 05
www.editions-eyrolles.com

Les Echos Editions
Groupe Les Echos
16, rue du Quatre-Septembre
75112 Paris Cedex 02
www.lesechos-editions.fr

Mise en pages : Istria

ISBN : 978-2-212-55377-2

SOMMAIRE

Introduction. Quand le pouvoir d'achat des enfants était supérieur à celui des parents... 7

PARTIE I. COMMENT MESURE-T-ON LE POUVOIR D'ACHAT DES FRANÇAIS ?

Chapitre 1. Le pouvoir d'acheter quoi ? 15

Chapitre 2. La difficile mesure du « pouvoir d'achat » 25

Chapitre 3. Pourquoi votre niveau de vie est-il supérieur à votre pouvoir d'achat ? 39

Chapitre 4. Quand nous nous comparons aux autres pays 45

PARTIE II. DERRIÈRE LES MOYENNES, LES DIFFÉRENCES

Chapitre 5. Inégalités et pauvreté en France et ailleurs 57

Chapitre 6. Pourquoi vous ne croyez plus à ce que vous disent les statisticiens ? 71

Chapitre 7. Que reste-t-il après les dépenses obligatoires ? 83

Chapitre 8. L'évolution du pouvoir d'achat selon l'âge 93

Chapitre 9. Les différences de pouvoir d'achat par groupes sociaux 105

Chapitre 10. Les incertitudes de la prochaine décennie 115

Conclusion 129

Index 133

Introduction

QUAND LE POUVOIR D'ACHAT DES ENFANTS ÉTAIT SUPÉRIEUR À CELUI DES PARENTS...

À la fin de l'année 2011, plus d'un Français sur deux anticipait une baisse de son pouvoir d'achat à un horizon assez proche. Étaient en particulier évoqués des hausses de prix comme celle du gaz ou du pétrole, des hausses d'impôts, mais aussi des facteurs plus généraux comme les conséquences de la perte de la notation triple A pour les emprunts de l'État français. Ce souci de l'évolution du pouvoir d'achat est antérieur à la crise de 2007 ; il a accompagné nos concitoyens tout au long des premières années du siècle présent, les dernières années de croissance notable remontant à la fin du XXe siècle.

Pour replacer dans un plus large contexte cette lancinante préoccupation, qui ne concerne d'ailleurs pas que les Français, mais les touche beaucoup, un peu d'histoire n'est pas inutile.

Avant l'économie marchande, on parlait de subsistance ; depuis son avènement, c'est-à-dire depuis plus de deux siècles, on parle de pouvoir d'achat. Jadis, la subsistance dépendait pour beaucoup de l'autoproduction : les foyers – en majorité ruraux – consommaient très largement ce qu'ils produisaient, quitte à présenter l'excédent, s'il y en avait un, sur des marchés restreints. Le mouvement d'urbanisation et l'exode rural, si importants en France au XXe siècle, ont réduit l'autoconsommation à peu de chose, même si de nombreux Français bricolent ou font leur jardin. Les achats de biens et de services sont désormais à l'origine de la quasi-totalité de la consommation des ménages. D'où l'importance du pouvoir d'achat et de son évolution, qui dépend certes du revenu de chacun, mais aussi des évolutions de prix des différents produits concernés.

Grosso modo, au cours de ces deux derniers siècles, le pouvoir d'achat des ménages s'est accru continûment, sinon régulièrement : les deux premiers tiers du XIXe siècle[1] et le troisième quart du XXe siècle ont ainsi été des périodes de croissance particulièrement rapide (entre 2 et 4 % par an). Cette évolution tendancielle est entrée dans les esprits, si bien qu'en France, au sortir de la période des « Trente Glorieuses » (1945-1975), on pensait que le pouvoir d'achat des enfants serait toujours supérieur à celui de leurs parents. L'idée d'un progrès matériel continu était ancrée dans les mentalités.

1. Lévy-Leboyer, M., *La croissance économique en France au XIXe siècle*, *Annales Économies, Sociétés, Civilisations*, Toulouse, Presses universitaires du Mirail, année 1968, pages 788-807.

La mise en place, dans la plupart des pays avancés, au lendemain de la Seconde Guerre mondiale d'une protection sociale efficace était, bien sûr, un élément important de ce progrès constaté, bien qu'il soit hors marché. Cette protection avait concerné les retraités, dont le niveau de vie en France s'est beaucoup amélioré après 1960. Elle a porté aussi sur la mise en place d'un système d'assurance maladie qui est devenu progressivement universel. Enfin, quand le taux de chômage a commencé à s'élever dans notre pays alors que la croissance ralentissait dans le dernier quart du siècle dernier, les indemnités prévues sont venues jouer ce rôle de « stabilisateur automatique » du pouvoir d'achat, qui permet d'amortir les conséquences des crises.

Quant à la mondialisation de l'économie si présente maintenant dans nos esprits, il y avait déjà eu, dans les premières années du siècle dernier, un premier épisode de ce type. La Grande-Bretagne en était l'acteur principal, mais la France et d'autres pays avancés y avaient participé. Cette mondialisation restait cependant limitée, dans son champ géographique comme dans ses conséquences. La seconde mondialisation à laquelle nous assistons depuis environ un quart de siècle est d'une tout autre ampleur et a des conséquences beaucoup plus générales. D'un côté, elle augmente notre pouvoir d'achat en nous proposant des produits peu chers, « *made in China* » ou ailleurs. De l'autre, elle menace nos emplois et met nos salaires en concurrence avec les travailleurs du monde entier.

Au cours de la dernière décennie, toutes ces tendances ont été confrontées à la survenue de deux crises : la première, en 2001-2002, liée à l'éclatement de la bulle boursière Internet, coup de semonce dans un ciel apparemment serein (on vivait en effet dans une période de « grande modération » caractérisée par une période de croissance, non pas forte, mais assez stable), fut assez vite circonscrite ; la seconde, en 2007-2008 – aux conséquences encore difficilement prévisibles – a eu pour détonateur l'endettement pervers des ménages américains, mais son déroulement a finalement révélé que, dans de nombreux pays avancés, l'endettement public avait été excessif depuis des décennies.

Ralentissement probablement durable de la croissance et remise en cause de l'État providence tel qu'il a fonctionné depuis un demi-siècle, mondialisation de l'économie à l'origine de délocalisations de la production et de pression sur les salaires des travailleurs moins qualifiés, déséquilibres financiers des États de nature à les rendre incapables de jouer le rôle qui leur était imparti d'assureur en dernier ressort, autant de facteurs qui font plus que légitimer l'interrogation des citoyens des pays avancés, en l'occurrence des Français, sur l'évolution à venir de leur niveau de vie. Continuera-t-il de progresser, fût-ce à un rythme ralenti ? Va-t-il stagner dans le cadre d'une économie devenue « stationnaire » ? Ira-t-il jusqu'à reculer, les enfants devenant moins riches que leurs parents, avec de ce fait un rapide rapprochement avec ceux des pays que nous appelions encore naguère « sous-développés » et dont certains voient leur niveau de vie régulièrement progresser ?

Au cours des années récentes, des maladresses ont été commises en matière de communication concernant la réalité même de la croissance du pouvoir d'achat des Français. On a mis en avant des indicateurs qui n'avaient qu'un lointain rapport avec ce qu'on peut communément appeler pouvoir d'achat des particuliers. De même, en matière politique, certains engagements ont paru avoir été pris à la légère quant à l'évolution du pouvoir d'achat. Ce résultat n'est guère une variable de commande entre les mains d'un gouvernement. Dans ce domaine, pour l'ensemble de l'économie, ce dernier peut certes prendre des engagements de moyens : faire tout ce qui est en son pouvoir pour favoriser la croissance du pouvoir d'achat (indexation des retraites, maintien du salaire réel des fonctionnaires, etc.) ; mais il ne peut, à l'évidence, en aucun cas, prendre un engagement de résultat, car celui-ci dépend d'un trop grand nombre de variables sur lesquelles il n'a aucun pouvoir direct (conjoncture internationale, taux de chômage, augmentation des prix de l'énergie, etc.). Significativement, la campagne présidentielle 2011-2012 est plus avare de promesses que les précédentes quant à l'évolution du pouvoir d'achat, bien que ce thème fasse partie de tous les discours.

Pouvoir d'achat et niveau de vie constituent au demeurant des notions dont les tentatives de mesure rigoureuse sont relativement récentes. Les méthodes actuellement utilisées sont encore susceptibles de plusieurs types d'ajustements. On est donc ici non seulement dans le domaine de la complexité, mais aussi, parfois, dans celui de la perplexité.

Dans ce qui suit, nous voudrions apporter aux lecteurs les éléments de connaissances leur permettant de passer au crible les informations et déclarations qui leur parviennent dans le domaine concerné, de porter un jugement personnel sur les évolutions en cours, enfin de mieux apprécier les risques et les chances qui caractérisent à cet égard l'avenir de notre pays.

Dans la première partie de cet ouvrage, quatre chapitres seront consacrés à la mesure du pouvoir d'achat et du niveau de vie des Français et à leur évolution au cours des dernières décennies, ainsi qu'à des comparaisons internationales. La seconde partie comportera six chapitres traitant, pour les cinq premiers, des disparités de pouvoir d'achat et de niveau de vie entre groupes sociaux, et, pour le dernier, des perspectives d'évolution au cours des prochaines années.

COMMENT MESURE-T-ON LE POUVOIR D'ACHAT DES FRANÇAIS ?

Avant de chercher à mesurer correctement le pouvoir d'achat, il est bon de se poser la question toute simple : à quoi sert concrètement le pouvoir d'achat dont sont dotés les Français ? On verra que la réponse à cette question n'est pas aussi simple qu'on le pense, d'autant plus qu'à côté des consommations marchandes, il faudra tenir compte de certaines consommations non marchandes (chapitre 1). La mesure du pouvoir d'achat a, quant à elle, fait l'objet de beaucoup de tâtonnements, mais les modalités en sont dorénavant assez claires et permettent de retracer son évolution depuis la Seconde Guerre mondiale (chapitre 2). Il nous faudra passer ensuite de la notion de pouvoir d'achat à celle, moins précise, de niveau de vie (chapitre 3). Enfin, le dernier chapitre de cette partie sera consacré à certaines comparaisons internationales des pouvoirs d'achat et niveaux de vie.

Chapitre 1

LE POUVOIR D'ACHETER QUOI ?

Dans ce chapitre, nous nous intéresserons à l'évolution au cours du temps de deux « agrégats » de la comptabilité nationale : la **consommation marchande** des Français et la **consommation effective** qui, outre la précédente, inclut, une consommation non marchande correspondant aux services rendus plus ou moins gratuitement aux ménages par le secteur public.

L'ÉVOLUTION DE LA CONSOMMATION MARCHANDE DES FRANÇAIS AU COURS DU DERNIER DEMI-SIÈCLE

L'évolution du pouvoir d'achat des ménages est très généralement saisie au travers de leur revenu. Une partie de celui-ci (autour de 16 % dans le cas de la France) est épargnée, le solde en étant donc « consommé ». C'est à ce solde que nous nous intéressons ici.

Une consommation par tête qui a presque triplé en quarante ans

Sur quarante ans, entre 1960 et 2000, la dépense des Français en consommation marchande en volume (corrigée de l'augmentation des prix) a été multipliée par 3,5. Comme, au cours de cette période, la population a augmenté de 30 %, la dépense de consommation par habitant a presque triplé (multiplication par 2,7), soit un rythme de croissance annuelle de 2,5 %, ce qui est considérable.

Cependant ces quarante années sont, à cet égard, loin d'être homogènes. Jusqu'en 1973, année du premier choc pétrolier, la croissance en volume de la consommation par habitant a dépassé 4,5 % par an. Entre 1973 et 1984, elle est tombée à quelque 2 %. Au début des années 1990, nouvelle décélération avec la crise de 1993 : jusqu'à la fin du siècle, cette consommation par tête n'augmente plus qu'à un rythme légèrement supérieur à 1 %. Au cours de la décennie 2000-2010, les deux crises de 2001 et 2008 n'arrangent évidemment pas les choses : sur les quatre années 2006-2010, par exemple, la consommation par habitant n'augmente plus que d'environ 0,5 % par an, faisant même apparaître une évolution négative en 2008 et 2009.

On voit donc bien comment ce ralentissement progressif de la hausse de la consommation par tête a pu faire naître au cours des dernières années, chez les Français, de légitimes interrogations sur l'évolution de leur pouvoir d'achat.

Une composition de la consommation qui a beaucoup changé

Plus d'un siècle et demi après les découvertes d'un certain Ernst Engel, la composition de la consommation des ménages continue d'évoluer, en France comme à l'étranger, assez largement comme il l'avait prévu.

BIENS DE LUXE ET BIENS « INFÉRIEURS »

Économiste et statisticien allemand, Ernst Engel (1821-1896) établit dès 1857, en examinant le budget de cent cinquante-trois familles belges, des lois d'évolution de la consommation qui, parmi les observations empiriques de données économiques, restent peut-être les mieux établies. Il fait usage, pour ce faire, de la notion d'élasticité par rapport au revenu. Sous ce nom savant se cache un ratio simple : au cours d'une certaine période, il s'agit du rapport de la croissance nominale en pourcentage d'un poste donné de la consommation (par exemple, l'alimentation) à la croissance, également en pourcentage, du revenu du ménage considéré. Si l'élasticité – le ratio des deux pourcentages – est plus grande que l'unité, on a affaire à des biens « supérieurs » (« de luxe ») et leur part tend à s'accroître dans l'ensemble de la consommation à mesure que le revenu augmente. Si l'élasticité est plus petite que l'unité, on a, au contraire, affaire à des biens « inférieurs » dont la part dans la consommation totale décroît à mesure que le revenu augmente. Dès la seconde moitié du XIXe siècle, Engel prévoyait ainsi que les dépenses alimentaires devaient voir leur part diminuer ; les dépenses de logement devaient, quant à elles, rester stables en valeur relative et l'habillement aurait plutôt une part croissante, de même que les autres biens de luxe.

Toutefois, au cours de cette longue période, la notion de bien de luxe a évidemment changé : ce qui était bien de luxe entre 1850 et 1900 ne l'est plus nécessairement entre 1960 et 2010. Si l'élasticité d'une consommation par rapport au revenu constitue toujours un bon indicateur, la valeur de ces élasticités a pu se modifier.

Tout de même, comme prévu par Engel, l'alimentation et l'ensemble des boissons voient leur part dans la consommation passer entre 1960 et 2010 de près de 32 % à moins de 17 %, soit une division par près de deux. Mais contrairement aux prévisions d'Engel, l'habillement et les achats de chaussures ne constituent plus une dépense « de luxe » : leur part décroît (de 11 à 4 %), car la dépense s'y banalise et peut-être surtout – phénomène non prévu par Engel – les prix relatifs de ces biens diminuent[2]. Il en est de même de l'équipement du logement (meubles « blancs » ou « bruns »), dont la part tombe de 10 à 6 % : leur diffusion ne peut en effet plus guère progresser et leurs prix relatifs ont beaucoup baissé.

En revanche, les charges liées au logement paraissent, au cours du dernier demi-siècle, avoir constitué des « biens de luxe », car leur part a fortement crû, faisant plus que doubler au cours de la période (de 12 à 25 %). Il faut mentionner que, dans ce poste, apparaissent non seulement les loyers réellement versés par les occupants, mais en outre les loyers

2. Ce chapitre fait très largement référence à *INSEE Première*, « La consommation des ménages depuis 40 ans », février 2002, et « En 2010, la consommation des ménages soutient la reprise », juin 2011.

« imputés » aux propriétaires de leur logement (loyers correspondant aux prix estimés qu'ils auraient à acquitter sur les marchés pour se procurer le « service » dont ils bénéficient).

Tableau 1 - La composition de la consommation marchande des Français entre 1960 et 2010 (en %)

Nature de la dépense	1960	2010
Produits alimentaires et boissons non alcoolisées	26,5	13,3
Boissons alcoolisées, tabac	6,2	3,2
Habits et chaussures	11,1	4,4
Logement (loyer, chauffage, éclairage, etc.)	12,2	25,4
Équipement du logement	9,6	5,8
Santé	1,7	3,9
Transports	10,6	13,9
Information et communications	0,6	2,8
Loisirs et culture	7,1	8,6
Éducation	0,6	0,9
Hôtels, cafés, restaurants	7,4	7,0
Autres biens et services	6,5	10,9
Total	**100,0**	**100,0**

Source : INSEE Première, *février 2002 et juin 2011*

Apparaissent, en outre, d'assez nombreux « biens de luxe » nouveaux : les transports individuels (car la part des transports collectifs reste, quant à elle, stable, en dessous de 2 % du total), les loisirs et la culture, dont la part augmente modérément (de 7 à moins de 9 %), mais surtout les communications, dont la part a presque quintuplé en raison, entre autres, de l'explosion du téléphone portable et de la généralisation du Web.

On laissera de côté les postes éducation et santé, dont l'évolution ne peut se comprendre qu'en prenant en considération la couverture apportée directement par les pouvoirs publics dans ces deux domaines, ce qui sera fait dans la seconde partie de ce chapitre.

Au total donc, lois d'Engel ou pas, la composition de la consommation marchande des Français a évidemment beaucoup changé en un demi-siècle. À l'avenir, la part des dépenses alimentaires et de boissons pourrait continuer de se tasser. En raison des déséquilibres sur les marchés des logements et de l'élévation des prix de l'énergie, la part des dépenses consacrées au logement devrait, en revanche, continuer de s'accroître. Il en sera de même des postes « loisirs et culture » et « information et communications ».

Le poids que représente aujourd'hui le logement explique qu'il apparaisse, dans une période de quasi-stagnation du pouvoir d'achat, comme le principal poste sur lequel les pouvoirs publics peuvent espérer avoir une action. D'où les propositions des politiques dans ce domaine.

À côté de ces dépenses marchandes, il convient de ne pas oublier d'importants services « gratuits » ou quasi gratuits. Cette « gratuité » est évidemment la contrepartie des impôts et cotisations payés par les Français qui mériteraient eux-mêmes un débat qu'on n'approfondira pas ici.

La montée de la consommation non marchande

Les comptes nationaux ajoutent à la consommation marchande les services rendus par les associations et surtout les administrations pour aboutir à ce qu'il est convenu d'appeler la *consommation effective*.

Une déformation de la consommation « effective » des Français au profit de la consommation non marchande

Au cours du dernier demi-siècle, la part des consommations non marchandes dans la *consommation effective* a doublé, passant de 12 % du total en 1960 à 24 % en 2010.

Tableau 2 - Évolution de la composition de la consommation effective des Français entre 1960 et 2010 (en % arrondis)

Nature de la dépense	1960	2010
Consommation marchande	88	76
Consommation associée aux organismes sans but lucratif	1	1
Consommation associée aux prestations santé des APU*	4	12
Consommation associée aux prestations éducation des APU*	5	7
Consommation associée à d'autres prestations des APU*	2	4
Total en %	**100,0**	**100**

**APU : administrations publiques*
Source : INSEE, Comptes nationaux

Les deux postes les plus importants de cette consommation non marchande (« prestations en nature ») sont, d'une part, les dépenses de santé des administrations, d'autre part, leurs dépenses d'éducation.

Les dépenses de santé des administrations correspondent notamment aux remboursements par les organismes de Sécurité sociale de dépenses engagées par les ménages : tout se passe ici comme s'il s'agissait de prestations en nature fournies gratuitement par les différents opérateurs des services de santé. On doit aussi mentionner ici les services hospitaliers non marchands.

S'agissant des « prestations en espèces » versées par la Sécurité sociale (indemnités de journée maladie, par exemple), elles sont incluses, quant à elles, dans le revenu disponible des ménages dont nous ferons un large usage dans les chapitres suivants de cet ouvrage. L'accroissement de la part de la consommation financée par les administrations dans la *consommation effective* des ménages n'est évidemment pas sans rapport avec les difficultés financières rencontrées par notre Sécurité sociale. Si l'on voulait avoir une idée d'ensemble du budget « santé » dont disposent les Français, il ne faudrait pas cependant manquer d'y ajouter la part de dépenses – nettement minoritaire – supportée par les ménages eux-mêmes.

Le poste éducation correspond ici aux dépenses supportées par les pouvoirs publics à tous les niveaux d'enseignement. La part incombant aux ménages eux-mêmes dans les établissements publics d'enseignement reste très faible, même pour les études supérieures, comme on peut le constater dans le tableau 1 consacré aux dépenses de consommations marchandes (0,9 % de l'ensemble de ces consommations en 2010).

Une consommation non marchande qui, dans la crise, soutient la consommation globale

Puisque la part des consommations de services non marchands s'est accrue au cours de la période, cela signifie que la « consommation effective » des ménages a crû plus vite que leur consommation marchande. Tel est bien le cas, même si la différence entre les deux rythmes de croissance n'est pas énorme en raison de la part minoritaire des consommations non marchandes dans le total : nous avons vu ci-dessus qu'entre 1960 et 2000 la consommation marchande par tête des Français s'était accrue au rythme de 2,5 % par an ; s'agissant de la *consommation effective*, concept plus large, ce rythme passe à 2,7 %.

Au cours des premières années de la crise, on vérifie d'ailleurs clairement que la consommation non marchande a soutenu le rythme de croissance de la *consommation effective* au cours des années 2008 et 2009, alors que la croissance de la consommation marchande a connu une très forte décélération. Toutefois, le dynamisme de la consommation non marchande n'est pas tel qu'il puisse éviter, entre 2007 et 2010, un très fort ralentissement de la *consommation effective* (1,2 % en 2010 contre 2,4 en 2007).

Tableau 3 - Croissance en volume de la consommation marchande et non marchande* (aux prix de l'année précédente)

Année	2007	2008	2009	2010
Consommation marchande	2,5	0,5	0,6	1,3
Consommation publique individualisable	1,6	2,1	2,0	1,1
Consommation effective	2,4	0,8	0,9	1,2

**Il s'agit ici de la consommation totale et non de la consommation par tête.*
Source : INSEE, Comptes nationaux

Dans la déformation de la structure de la *consommation effective* des Français, on trouve déjà une première réponse à l'écart qui semble s'être creusé entre l'évolution « ressentie » des niveaux de vie et l'évolution telle qu'elle peut être mesurée, comme nous le verrons plus loin, par plusieurs types d'indicateurs. Autant, en matière de consommations marchandes, les Français possèdent des informations sur l'évolution de leurs propres dépenses, en prix comme en quantités ; autant, en ce qui a trait aux consommations non marchandes, aucune information ne leur permet d'estimer le sens et l'importance des évolutions survenues.

Chapitre 2

LA DIFFICILE MESURE DU « POUVOIR D'ACHAT »

Dans une démocratie bien informée, les pouvoirs publics doivent être capables de fournir, à intervalles plus ou moins rapprochés, des mesures indiscutables de l'évolution du « pouvoir d'achat » et du « niveau de vie » des ménages. Les développements qui suivent vont permettre de préciser ce qui sépare ces deux notions.

Le présent chapitre sera centré sur la mesure du pouvoir d'achat ; le suivant introduira la notion plus large de niveau de vie au sens où nous l'entendons dans cet ouvrage (voir encadré ci-après).

Achats, vouloir d'achat et pouvoir d'achat

Les achats de biens et services par les ménages doivent naturellement être mis en relation, non seulement avec leur pouvoir d'achat, mais aussi avec leur « vouloir d'achat ». Dans certaines périodes, la hausse du pouvoir d'achat au niveau d'un ménage peut, pour diverses raisons (préparation d'un projet, craintes concernant l'avenir, etc.), ne pas être accompagnée par une augmentation du « vouloir d'achat » : ce décalage se répercutera sur le montant des achats réalisés.

POUVOIR D'ACHAT, NIVEAU DE VIE ET LEUR ÉVOLUTION

Les notions de pouvoir d'achat et de niveau de vie sont proches, mais ne se superposent pas.

S'agissant du premier, deux personnes ayant le même revenu n'ont le même « pouvoir d'achat » que si les biens et services qu'elles acquièrent ont le même prix. De même, en supposant que ces deux personnes conservent le même revenu, l'évolution de leur pouvoir d'achat ne sera identique que si les prix des différents achats évoluent de la même façon pour chacune d'elle. Ainsi, en parlant de **niveau de pouvoir d'achat**, on sous-entend toujours : « pour un système de prix donné ». En ce qui a trait aux ménages, les choses se compliquent un peu puisque, comme on le verra, dans le calcul du pouvoir d'achat, il faudra tenir compte, d'une façon ou d'une autre, de leur taille.

L'INSEE définit le niveau de vie d'un ménage comme étant le montant de son revenu disponible usuel rapporté à sa taille correctement mesurée. Cette définition est trop étroite, car le **niveau de vie**, de façon réaliste, doit inclure non seulement le revenu monétaire qui est à l'origine de la consommation marchande (les biens et services achetés), mais également la consommation non marchande de biens et services fournis gratuitement par l'État (éducation) ou la Sécurité Sociale (santé).

Il s'agit là de transferts en nature. Le revenu à considérer n'est donc pas le revenu disponible usuel, mais le revenu « ajusté », notion introduite dans les comptes nationaux il y a une vingtaine d'années. L'évolution du niveau de vie, de son côté, dépendra alors non seulement de celle des prix des consommations marchandes, mais également de celle des coûts de production de la consommation non marchande.

Dans nos développements, le revenu disponible usuel sera associé à la notion de **pouvoir d'achat**, le revenu « ajusté », à la notion de **niveau de vie**.

POUVOIR ET VOULOIR D'ACHAT

Le « vouloir d'achat » est souvent saisi dans les enquêtes par les déclarations des ménages concernant leurs intentions d'achats, par exemple de biens durables (équipements de la cuisine, de la maison, etc.). Des travaux menés par l'IRI (filiale française d'International Ressources Incorporated) et TNS Sofres ont montré que le « taux global de transformation » des intentions d'achat de biens durables (le passage des intentions aux réalisations) au cours des douze prochains mois était de l'ordre des quatre cinquièmes. Ce taux croît régulièrement avec l'âge de la personne de référence dans le ménage ; il a aussi plutôt tendance à croître avec le revenu du ménage[3]. Cela montre bien que les statistiques de consommation marchande que nous avons commentées au chapitre précédent ne constituent pas un bon indicateur de pouvoir d'achat : entre le pouvoir d'achat d'un ménage et ses achats s'interpose ce que les psychologues appellent donc le « vouloir d'achat » et que les économistes caractérisent par son contraire : la « propension à épargner » que les comptables nationaux mesurent en rapportant la partie non consommée du revenu au revenu lui-même. En France comme ailleurs, ce taux est susceptible de variations importantes. Proche de 20 %, par exemple, au début des années 1980, il est tombé à moins de 12 % en 1987 avant de remonter fortement au cours des années suivantes. Sur la période récente, il n'était que de 14 % au premier trimestre 2006, mais a dépassé 17 % au deuxième trimestre 2011.

3. Voir le rapport du Conseil d'analyse économique (CAE), *Mesurer le pouvoir d'achat*, La Documentation française, 2008, page 273, Complément F.

Clairement, le pouvoir d'achat que nous cherchons à mesurer se situe au niveau des revenus que reçoivent les ménages : c'est bien finalement là qu'est logé leur « potentiel » de consommation marchande. La transformation de ce potentiel en achats dépend d'un très grand nombre de facteurs que les spécialistes chiffrent à au moins une dizaine, dont l'influence est d'ailleurs encore insuffisamment connue, malgré des recherches qui s'étendent à présent sur près d'un siècle.

La chaîne qui mène du revenu des ménages à la mesure satisfaisante de leur pouvoir d'achat « réel » (hors inflation) doit partir bien sûr d'une définition précise des composantes de ce revenu, mais passe par le calcul d'un indice général des prix ainsi que par une prise en compte réaliste de la taille des ménages.

Du revenu nominal au revenu réel des ménages

Le revenu des ménages auquel on se réfère en général est le revenu disponible brut. Il s'agit du revenu qui reste à la disposition d'un ménage pour sa consommation et son épargne brute. Revenu et épargne sont dits « bruts » quand l'usure des capitaux fixes (il s'agit de la « consommation de capital » qui concerne principalement l'entretien des logements) n'en a pas été déduite.

Ce revenu disponible brut est, quant à lui, composé de l'ensemble des revenus reçus par les ménages : salaires, revenus des entreprises individuelles et revenus de la propriété (loyers perçus notamment, mais aussi intérêts et dividendes) auxquels il convient d'ajouter les prestations sociales en espèces dont les ménages ont été les bénéficiaires (pensions, allocations familiales, indemnités journalières maladie, indemnités chômage, etc.). De cet ensemble de « ressources » doivent être retranchées plusieurs sortes de prélèvements fiscaux et sociaux (cotisations et contributions sociales, impôts sur le revenu et sur le capital).

Le revenu ainsi calculé est évidemment un revenu « nominal ». Pour calculer son pouvoir d'achat et parvenir ainsi au revenu disponible « réel », il faut tenir compte, au cours de la période considérée, de l'évolution des prix des biens et services entrant dans la consommation des ménages. Il convient de rappeler ici qu'en France, cette consommation est composée de biens fongibles (détruits au premier usage) et de biens durables et semi-durables (automobiles, équipements du foyer, habillement, conserves). D'autres pays ont pris le parti de considérer les achats de biens durables comme des investissements et non comme des consommations.

En France, l'indice pris en compte pour évaluer l'évolution des prix de ces divers biens et services et parvenir ainsi au revenu « réel » des ménages est l'IPC (indice des prix à la consommation).

En divisant l'évolution du revenu qui vient d'être défini par celle de l'IPC, on mesure **la variation du pouvoir d'achat réel du secteur des ménages** tel qu'il est défini dans les comptes nationaux (voir le tableau 1 ci-après). Il s'agit là d'une information de nature macroéconomique qui a un intérêt à ce niveau de réflexion, mais qui est encore très loin d'une mesure du pouvoir d'achat interprétable au niveau d'un ménage.

L'NSEE a trop longtemps communiqué sur l'évolution du pouvoir d'achat du « secteur des ménages », en prenant le risque de donner à penser que cette évolution avait un sens au niveau d'un ménage moyen. Nous allons voir qu'il n'en est rien.

LA COMMUNICATION DE L'INSEE EN MATIÈRE DE POUVOIR D'ACHAT RESTE AMBIGUË

Malgré les réflexions en cours et les ajustements opérés, la communication de l'INSEE en matière de pouvoir d'achat reste ambiguë. Ainsi, à propos de la présentation des comptes du troisième trimestre 2011, le titre du communiqué de l'INSEE du 23 décembre était « Au troisième trimestre, le PIB accélère (+ 0,3 % après - 0,1), tandis que le pouvoir d'achat des ménages est stable (0,0 % après + 0,6 %) ». À la lecture de ce communiqué, on constate cependant que les résultats cités pour le « pouvoir d'achat des ménages » concernent en réalité l'évolution réelle du revenu global du secteur des ménages. Correctement mesuré en faisant intervenir le nombre d'« unités de consommation » (voir le paragraphe suivant), l'évolution du pouvoir d'achat des Français – d'ailleurs bien indiquée plus loin dans le texte du communiqué – est de - 0,1 % pour le troisième trimestre 2011 contre 0,4 pour le précédent, chiffres tous deux inférieurs à ceux mentionnés dans le titre du communiqué. Il ne devrait pourtant pas être très difficile d'utiliser un vocabulaire plus précis pour bien distinguer les deux évolutions, qui n'ont pas du tout la même signification.

Du revenu du « secteur » ménages au revenu moyen d'un ménage et au revenu du ménage par « unité de consommation »

C'est, non pas au niveau d'un individu – ce qui n'aurait guère de sens – mais à celui du ménage que le niveau de pouvoir d'achat doit se calculer : l'hypothèse faite ici est que tous les membres du ménage jouissent du même pouvoir d'achat puisqu'ils vivent sous le même toit. Or le ménage est une unité statistique susceptible de varier dans sa composition.

La population française est encore – il faut s'en féliciter – en croissance régulière d'environ 0,5 % par an. Cependant la taille des ménages, quant à elle, diminue de façon également régulière, en raison du vieillissement de la population et de la croissance du nombre de ménages composés d'un seul individu : on est ainsi passé de 3,1 personnes par ménage en 1962 à seulement 2,3 en 2005. Le nombre de ménages croît donc plus rapidement que la population, à un rythme qui est en fait presque le double (de l'ordre de 0,9 % par an). Suivant que l'on tient compte de l'évolution du pouvoir d'achat par habitant ou de son évolution par ménage, on obtient deux résultats différents, le second étant donc inférieur au premier. Aucune de ces deux mesures d'évolution du pouvoir n'est d'ailleurs à retenir dans l'évaluation du pouvoir d'achat des ménages.

À QUATRE SOUS LE MÊME TOIT, VOUS NE CONSOMMEZ PAS COMME QUATRE

Le fait de vivre ensemble « sous le même toit » (c'est la définition même du ménage pour les démographes !) est à l'origine d'économies : les diverses dépenses de consommation d'un ménage de trois personnes ne font pas le triple de celles d'un ménage composé d'une seule personne. Ces économies peuvent porter sur le logement, l'éclairage, le chauffage, l'alimentation, les assurances, peut-être les transports individuels, voire l'habillement dans les familles nombreuses... De lourds travaux économétriques ont été menés pour mesurer l'importance des économies qui apparaissent, à mesure que la taille d'un ménage augmente. Ces travaux ont débouché sur la mise en évidence d'« unités de consommation ». Ainsi, dans l'échelle dite de l'OCDE, adoptée par l'INSEE depuis 1997, si le premier adulte compte pour un, les autres adultes et les enfants de plus de quatorze ans ne comptent que pour 0,5 et les enfants de moins de quatorze ans pour 0,3. Un ménage de cinq personnes avec trois adultes et deux enfants de moins de quatorze ans comptera pour 2,6 unités de consommation. Le choix de cette échelle d'unités de consommation n'est évidemment pas neutre : suivant que l'on donne un poids plus ou moins grand aux enfants, on fait varier le pouvoir d'achat des familles par rapport à celui des foyers sans enfant. La précédente échelle, dite d'Oxford, qu'utilisait l'INSEE accordait un poids plus grand aux enfants (0,5 unité de consommation quel que soit l'âge)[4], ce qui contribuait donc à abaisser le pouvoir d'achat observé par unité de consommation pour les familles avec enfants. L'utilisation de l'échelle

4. Pour une critique du choix effectué par l'INSEE, on pourra se référer à *La lettre de l'OFCE*, n° 167, septembre 1997, citée dans *La famille en Europe*, www.uniondesfamilles.org/nouvelleechelleinsee.htm

> de l'OCDE peut probablement conduire à une surestimation du pouvoir d'achat des familles monoparentales ou des familles nombreuses comportant plus de trois enfants. Des travaux supplémentaires sont donc indispensables dans ce domaine.
>
> *Rapport Quinet, 2008, pages 12, 36 et 37*

Pour tenir compte des économies d'échelle permises par le fait de « vivre ensemble », c'est en fait le nombre d'« unités de consommation » présentes dans le ménage qui doit être pris en compte dans le calcul du niveau de vie.

En appliquant l'échelle dite de l'OCDE à l'ensemble des ménages français, on obtient donc le nombre total d'unités de consommation auxquelles correspondent les ménages. Le nombre ainsi obtenu est évidemment nettement supérieur au nombre de ménages, mais très inférieur au nombre d'habitants. Pour être plus concret, on peut mentionner que, fin 2010, la population de la France métropolitaine s'élevait à 63,1 millions d'habitants qui formaient 28,7 millions de ménages, le nombre total d'unités de consommation étant de quelque 45 millions.

Il est ainsi logique de calculer le niveau du pouvoir d'achat des résidents français et son évolution par unité de consommation, c'est-à-dire en fait par **équivalent-adulte**. Cette évolution sera moins rapide qu'une évolution calculée par tête, mais plus rapide qu'une évolution calculée par ménage, comme on peut s'en convaincre grâce au tableau 1 ci-après.

Niveau et évolution du pouvoir d'achat par unité de consommation

Le tableau 1 fait bien apparaître, pour deux périodes assez contrastées, le mode de passage de la variation du revenu nominal du secteur des ménages à celle du pouvoir d'achat par unité de consommation. La première période correspond à la seconde moitié des Trente Glorieuses : l'inflation y est forte, mais l'évolution du revenu nominal est à deux chiffres et donc le pouvoir d'achat du secteur « ménages » progresse à près de 6 % par an, un rythme encore exceptionnel. Compte tenu de la croissance du nombre d'unités de consommation dans la population française, on parvient finalement à une croissance annuelle du pouvoir d'achat par unité de consommation (ou équivalent-adulte) de 4,7 %.

La seconde période nous fait déjà entrer dans ce que certains nomment les « Trente Piteuses » : la croissance nominale du revenu global des ménages dépasse encore 7 % l'an, mais l'inflation est spécialement forte (elle est à deux chiffres entre 1976 et 1982), la variation de pouvoir d'achat du secteur ménages est presque divisée par trois par rapport à la période précédente. Certes, la croissance de la population et donc du nombre d'unités de consommation ralentit fortement, mais cela n'empêche pas l'augmentation du pouvoir d'achat par unité de consommation d'être divisée par un facteur supérieur à trois par rapport au rythme observé sur la période 1960-1973 : les Français sont bien entrés dans une période de très forte décélération de leur pouvoir d'achat.

Tableau 1 - Évolution annuelle moyenne des pouvoirs d'achat

Évolution en % moyen	1960-1973	1974-2006
Revenu nominal de l'ensemble des ménages	10,7	7,2
Prix à la consommation	4,6	5,0
Pouvoir d'achat du « secteur » ménages	5,9	2,1
Population	1,0	0,5
Nombre de ménages	1,4	1,3
Nombre d'unités de consommation	1,2	0,8
Pouvoir d'achat par tête	4,8	1,6
Pouvoir d'achat par ménage	4,4	0,8
Pouvoir d'achat par unité de consommation	4,7	1,3

Source : Commission Mesure du pouvoir d'achat, 2008, page 10

Le tableau 2 retrace, quant à lui, l'évolution en volume du revenu disponible des ménages par unité de consommation au cours des quarante dernières années qui correspond à ce que l'INSEE appelle le « niveau de vie ». Mais comme celui-ci est calculé à prix constants (ceux de 2008), on peut dès lors parler d'évolution de pouvoir d'achat. On constate ainsi que, sur quatre décennies, ce pouvoir d'achat a presque doublé (en euros 2008), passant de 11 300 euros en 1970 à 22 105 euros en 2010, soit un rythme moyen d'augmentation de 1,7 % par an. Cela dit, on observe évidemment la même cassure que dans le tableau précédent : si la croissance du pouvoir d'achat dépasse encore 4 % par an entre 1970 et 1975 – les dernières années des Trente Glorieuses – au-delà de cette date, la croissance passe bientôt au-dessous de 2 % l'an. Si l'on descendait dans le détail des cinq dernières années, on constaterait d'ailleurs que, si ce pouvoir d'achat continue de croître entre 2005 et 2008 (à cette date, le niveau de pouvoir d'achat est de 22 110 euros), il est en revanche étalé ou très légèrement décroissant entre 2008 et 2010.

Tableau 2 - Niveau et progression en volume du pouvoir d'achat des Français au cours des quarante dernières années (revenu disponible brut par unité de consommation)

Année	Pouvoir d'achat en euros en 2008	Croissance moyenne du pouvoir d'achat au cours des cinq dernières années (en %)
1970	11 300	nd*
1975	13 840	4,1
1980	15 723	2,6
1985	16 294	0,7
1990	17 010	0,9
1995	18 026	1,2
2000	19 740	1,8
2005	20 810	1,1
2010	22 105	1,2
	Croissance sur l'ensemble des quarante années	**1,7**

**nd : non disponible*
Source : INSEE, « Les revenus et le patrimoine des ménages », édition 2011, page 107 et calculs personnels pour 2010

Sur une période plus courte de seize ans, entre 1990 et 2006, le décrochage de la progression du pouvoir d'achat par unité de consommation par rapport à celle du pouvoir d'achat du « secteur » ménages est impressionnant : sur une base 100 en 1990, le pouvoir d'achat par unité de consommation est un peu supérieur à 123 en 2006 contre près de 140 pour l'indice du secteur « ménages »[5]. La communication persistante sur la seule progression du pouvoir d'achat du « secteur » des ménages des comptes nationaux a donc bien été trompeuse.

Pour aller plus loin, nous savons que, tout spécialement dans le cas de la France, il faut prendre en compte, au-delà des consommations relevant de l'économie marchande, les biens et services dont bénéficient plus ou moins gratuitement les résidents français.

5. *Rapport Quinet, op.cit.*, page 36.

Chapitre 3

POURQUOI VOTRE NIVEAU DE VIE EST-IL SUPÉRIEUR À VOTRE POUVOIR D'ACHAT ?

Jusqu'ici, nous nous en sommes tenus aux revenus perçus et aux biens et services acquis par les résidents français dans le domaine marchand ; mais si nous souhaitons en venir à une notion réaliste de **niveau de vie**, il nous faut adopter une vision plus large et sortir de ce seul domaine pour prendre en considération les consommations non marchandes : il n'est plus question ici de revenu monétaire, mais directement de consommations. On passe du niveau de vie au sens de l'INSEE au niveau de vie « ajusté » qui seul nous paraît logiquement mériter l'appellation de niveau de vie.

La prise en compte du revenu « ajusté »

Depuis la fin des années 1990, les consommations non marchandes d'éducation, de santé et de services fournis par des associations ont été ajoutées dans les comptes nationaux, d'une part, à la consommation marchande des ménages pour parvenir à la notion de

« consommation effective », d'autre part, à leur revenu disponible pour parvenir à leur « revenu ajusté ».

L'INSEE a ensuite recalculé en euros courants jusqu'en 1949 la série du revenu disponible usuel et celle du revenu disponible « ajusté ». Entre 1950 et 2010, la croissance annuelle nominale (non corrigée de l'inflation) du premier est de 12,6 %, celle du second est de 12,9 %. Cet écart peut sembler faible mais, maintenu sur quatre décennies, il se traduit par une forte augmentation de la part des services non marchands dans le revenu ajusté : 11,8 % en 1950, plus de 21 % en 2010. Nous avons vu au chapitre 1 que si les prestations liées à l'éducation avaient rapidement crû, c'est cependant l'augmentation des services de santé qui a été la plus spectaculaire.

Sur la période, la croissance du niveau de vie des Français a donc dépendu de plus en plus fortement du dynamisme des services collectifs individualisables : rapporté au revenu disponible traditionnel, leur poids relatif a en effet plus que doublé au cours de la période, passant de quelque 13 % en 1950 à 27 % en 2010.

Tableau 1 - Évolution de la part du revenu disponible brut et des consommations non marchandes dans le revenu « ajusté » des Français

Année	1950	1970	1980	1990	2000	2010
Revenu disponible brut (en %)	88,2	85,6	82,7	81,7	79,8	78,7
Revenu correspondant aux prestations en nature (en %)	11,8	14,4	17,3	18,3	20,2	21,3
Revenu disponible brut ajusté (en %)	100,0	100,0	100,0	100,0	100,0	100,0

Source : INSEE, Base de données

Calculons à présent un montant de revenus avant prélèvements sociaux et fiscaux qui est la somme des revenus d'activité, des revenus de la propriété, des prestations en espèces et des transferts en nature[6]. Entre 1970 et 2009, l'évolution de la composition de ce montant de revenus donne une bonne idée de la montée en puissance des prestations sociales au cours des quarante années de cette période.

Les revenus d'activité et de la propriété, qui représentaient en 1970 les trois quarts des revenus des ménages avant prélèvements, n'en représentent plus que les deux tiers au tournant du siècle et seulement un peu plus des trois cinquièmes après la crise de 2008. Les prestations en espèces ont beaucoup progressé, notamment en raison du vieillissement de la

6. Ce montant pourrait être appelé « revenu brut ajusté » (RBA) : il ne peut plus en effet être qualifié de « disponible » puisqu'il se situe avant prélèvements sociaux et fiscaux. Il permet cependant de donner une bonne idée de la composition de l'ensemble des ressources des ménages avant ces prélèvements.

population et de la progression des pensions, mais les prestations en nature (éducation, santé) ont crû pratiquement au même rythme. Les prélèvements sur les ménages, quant à eux, ont certes également beaucoup augmenté, mais pas au point d'assurer, avec les autres prélèvements obligatoires sur l'économie, l'équilibre financier de nos comptes sociaux et du budget de l'État. Il y a ainsi plusieurs décennies que les Français vivent à crédit : la forte progression des prestations en espèces et en nature dont ils ont bénéficié a mis systématiquement en déficit les comptes publics.

Tableau 2 - Part des différents types de revenus dans le revenu global des ménages avant prélèvements obligatoires (en %)

Année	1970	2000	2009
Revenus d'activité et de la propriété	74,8	67,7	61,4
Prestations en espèces	13,7	17,4	21,0
Prestations en nature	11,5	14,9	17,6
Revenu « ajusté » avant prélèvements obligatoires	100,0	100,0	100,0

Source : Comptes de la Nation

Du revenu ajusté au niveau de vie par unité de consommation

L'INSEE et certains chercheurs identifient l'évolution du **niveau de vie** des ménages à celle du **pouvoir d'achat par unité de consommation** telle qu'elle a été définie au chapitre précédent[7]. Nous pensons qu'il s'agit là d'un mauvais choix : les consommations non

7. Cette attitude s'explique peut-être pour des raisons pratiques : si les transferts en nature (consommations non marchandes) sont assez faciles à calculer au niveau de la Nation, les montants dont bénéficie chaque ménage ne peuvent être estimés qu'en partant d'hypothèses ou d'enquêtes spécifiques.

marchandes doivent évidemment être ici prises en compte. Si tel n'était pas le cas, des biais importants interviendraient dans les comparaisons chronologiques ou internationales.

Pour passer au niveau de vie, quand le revenu « ajusté » réel a été obtenu, il reste donc, comme pour le pouvoir d'achat, à le rapporter au nombre d'unités de consommation calculé, pour l'ensemble des ménages.

Le tableau ci-dessous, pour cinq dates comprises entre 1970 et 2010, rappelle le niveau de pouvoir d'achat des Français par unité de consommation en euros 2008. Il lui fait correspondre les niveaux de vie intégrant donc les consommations collectives individualisables.

Tableau 3 - Croissance du niveau de vie des Français au cours des quarante dernières années

Année	Pouvoir d'achat par unité de consommation en euros 2008*	Croissance annuelle du pouvoir d'achat sur la dernière décennie (en %)	Niveau de vie par unité de consommation en euros 2008**	Croissance annuelle du niveau de vie sur la décennie précédente (en %)
1970	11 300	nd***	13 198	nd***
1980	15 723	3,4	19 009	3,7
1990	17 010	0,8	20 820	0,9
2000	19 740	1,5	24 734	1,7
2010	22 105	1,1	28 095	1,3
Croissance annuelle sur les quarante années		1,7		1,9

**RDB par U.C. ; **RDB ajusté par U.C. ; ***nd = non disponible*
Source : INSEE, « Les revenus et le patrimoine des ménages », édition 2011 et calculs personnels

L'évolution temporelle du niveau de vie est évidemment très proche de celle du pouvoir d'achat : forte croissance dans les années 1970, suivie d'une nette décélération au cours des trois décennies suivantes. Toutefois, sur les quarante années de la période étudiée, le **niveau de vie** croît sans surprise toujours plus vite que le **pouvoir d'achat** : en moyenne, 1,9 % par an contre 1,7 %. Là encore, la différence peut sembler modeste, mais, sur quatre décennies, elle marque une importante tendance de fond : comme nous l'avons vu plus haut (tableau 1), le niveau de vie des Français qui, en 1970, ne dépendait que pour quelque 14 % des services publics individualisables, en dépend, en 2010, pour plus de 21 % ; une évolution très marquée qui aide à comprendre le déficit, d'une part, de la Sécurité sociale (poids, par exemple, des prestations en nature correspondant aux remboursements de dépenses de santé engagées), d'autre part, des comptes de l'État (croissance, par exemple, des dépenses d'éducation). Elle aide aussi à comprendre que lorsque les administrations publiques diminuent leurs dépenses pour réduire leur déficit, cela a un impact sur le niveau de vie des Français. C'est le cas quand la Sécurité sociale rembourse moins certains médicaments ou quand les universités augmentent leurs frais d'inscription.

Qu'il s'agisse de pouvoir d'achat ou de niveau de vie, toutes les mesures qui ont été jusqu'à présent fournies correspondent à des moyennes ; elles ne donnent aucune idée des inégalités : dans la seconde partie de cet ouvrage, nous y reviendrons largement.

Chapitre 4

QUAND NOUS NOUS COMPARONS AUX AUTRES PAYS

Les comparaisons internationales de pouvoir d'achat ou de niveau de vie sont malaisées. Non seulement parce qu'il n'est pas toujours facile de trouver des données rigoureusement homogènes, mais surtout parce qu'il faut naturellement faire usage de taux de change entre monnaies qui évoluent souvent de façon quelque peu erratique.

C'est pourquoi les comparaisons internationales dans ce domaine font en général appel à des taux de change beaucoup plus stables reflétant les véritables niveaux de pouvoir d'achat des ménages dans les différents pays étudiés. À partir de tels taux de change, on peut comparer les niveaux de consommation par tête, les niveaux de pouvoir d'achat liés au revenu disponible traditionnel des ménages et les niveaux de vie correspondant à leur revenu « ajusté » intégrant les consommations non marchandes.

Des comparaisons qui tiennent compte des différences de prix entre pays

Pour mesurer les différences de pouvoir d'achat correspondant aux revenus des ménages dans les divers pays considérés, il faut tenir compte des niveaux de prix des biens et services dans ces pays. Si dans un pays A, il faut 100 unités monétaires pour se procurer un certain panier de biens et si, pour le même panier, dans un pays B, il faut 120 unités monétaires de ce pays, le taux de change entre monnaies qui assure, pour ce panier, la parité de pouvoir d'achat, est de 1 unité monétaire de A pour 1,2 unité monétaire de B. En effet, un ressortissant du pays A, en changeant selon ce taux une somme de 100 unités monétaires de son pays contre de la monnaie du pays B, retrouvera dans ce pays le même pouvoir d'achat que dans son pays. Ce taux de change réalise donc bien l'égalité (la « parité ») des pouvoirs d'achats entre les deux pays.

Une parité de pouvoir d'achat délicate à calculer

Dans la réalité, les grandeurs que l'on souhaite pouvoir comparer entre les différents pays sont très diverses : par exemple, produit intérieur brut, revenu disponible traditionnel, revenu disponible « ajusté » incluant la consommation des services publics individualisables. On aura donc, entre deux pays, autant de taux de change assurant la parité de pouvoir d'achat (taux de change « réels ») qu'il y a de grandeurs à comparer. Ces taux de change, qui utilisent souvent le dollar comme monnaie de référence, tiennent compte, pour les différentes grandeurs considérées, non seulement des écarts de prix des différents biens, mais aussi de la part variable de ces biens d'un pays à l'autre dans la grandeur considérée (composition du PIB ou de la consommation finale des ménages, par exemple). Les « paniers » à comparer entre deux pays comportent en fait des biens dont diffèrent, d'un pays à l'autre, non seulement le prix, mais également la part dans la grandeur considérée : le « panier » de biens à comparer n'est en réalité pas identique, même s'il s'agit du même « agrégat » dans les comptes nationaux.

Dans ce chapitre, nous envisagerons tour à tour des comparaisons de plusieurs grandeurs concernant les ménages : leur « consommation effective », leur revenu disponible et leur revenu « ajusté ».

La consommation « effective »

Dans les comptes nationaux, la consommation « effective » des ménages est la somme de leurs consommations marchandes et de leurs consommations non marchandes.

Dans le tableau 1 ci-après, comme nous l'avons dit précédemment, il aurait été préférable de faire référence à des consommations « effectives » par unité de consommation. Cependant, d'une part, la notion d'unité de consommation n'est pas utilisée partout, d'autre part, pour les pays qui l'utilisent, nous avons vu qu'il existait plusieurs échelles d'unités de consommation (OCDE, Oxford, etc.). Nous devrons donc, dans ce qui suit, nous contenter de consommations « effectives » par tête utilisant des taux de change qui réalisent la parité des pouvoirs d'achat (en anglais, il s'agit de l'*Actual Individual Consumption*, AIC)[8].

Tableau 1 - Comparaison de la consommation effective des ménages par habitant à la parité du pouvoir d'achat en 2005 pour les pays de l'OCDE* (indice 100 pour l'ensemble des pays de l'OCDE)

Pays	Indice du pays considéré par rapport à un indice 100 pour l'ensemble des pays de l'OCDE
Luxembourg	163
États-Unis	152
Royaume-Uni	119
Norvège	117
Canada	112
Autriche	111
Suisse	109
Pays-Bas	107
France	106
Australie	104
Suède	104
Allemagne	103
Belgique	103
Danemark	102
Irlande	100
Japon	97
Italie	93
Espagne	91
Nouvelle-Zélande	85
Portugal	73
République tchèque	62

.../...

8. Si la bonne mesure de ces consommations « effectives » est, non pas par habitant, mais par unité de consommation, la consommation par habitant désavantage dans le classement les pays dont la taille des ménages est supérieure à la moyenne.

.../...

Hongrie	59
Corée	58
Slovaquie	53
Pologne	49
Mexique	42
Turquie	27
Ensemble de l'OCDE	**100**

**Il s'agit de la consommation des secteurs 14 et 15 (ménages et ISBLSM) de la comptabilité nationale.*
Source : OCDE, « New Comparison of GDP and Consumption Based on PPP for The Year 2005 », 21 novembre 2007.

Si on laisse de côté le cas bien particulier du Luxembourg, la consommation par tête des ménages aux États-Unis était, en 2005, près de six fois supérieure à celle de la Turquie et plus de 40 % supérieure à celle de la France. Pourtant, le classement de notre pays n'est pas déshonorant, puisqu'il figure dans le premier tiers du classement. Cependant, par rapport à l'année 2002 également étudiée par l'OCDE, la France recule : sa consommation effective par tête était en 2002 supérieure de 13 % à la moyenne de l'OCDE ; en 2005, elle ne l'était plus que de 6 %. Entre les deux dates, seuls les États-Unis, le Canada, la Norvège et l'Irlande font d'ailleurs apparaître une amélioration de leur performance dans ce domaine. Quant aux sept derniers pays du classement, une période de trois années est sans doute trop courte pour les voir améliorer les leurs.

On regrettera qu'au sein de cette consommation « effective », l'étude de l'OCDE ne nous permette pas de préciser ce qui, dans l'indice des différents pays, relève de la consommation marchande et ce qui ressortit aux prestations publiques en nature.

Avec la consommation « effective » par tête, on est encore loin d'une mesure du pouvoir d'achat ou du niveau de vie. Le passage au revenu disponible des ménages marque déjà un sérieux progrès dans la connaissance.

Revenu disponible et pouvoir d'achat

Le revenu disponible réel par **unité de consommation** constitue une bonne mesure du pouvoir d'achat des ménages (voir le chapitre 2). Ici encore et pour les mêmes raisons que précédemment, nous devrons cependant nous contenter d'un revenu par **tête** calculé selon des taux de change de parité des pouvoirs d'achat.

Tableau 2 - Comparaison du revenu disponible des ménages par habitant à la parité du pouvoir d'achat en 2008 pour six pays avancés

Pays	En dollars à la parité des pouvoirs d'achat de la consommation privée
États-Unis	35 931
Allemagne	25 174
Royaume-Uni	23 561
France	23 364
Italie	21 775
Japon	21 159

Source : INSEE, « Les revenus et le patrimoine des ménages », édition 2011. Il s'agit des secteurs 14 et 15 de la comptabilité nationale.

Pour ce qui est de la consommation marchande, le pouvoir d'achat du revenu disponible des Américains n'était en 2008 que d'environ 70 % supérieur à celui des Japonais, alors qu'à la fin des années 1980, on pensait que les seconds allaient rapidement rattraper les premiers : la décennie 1990 sans croissance au pays du Soleil-Levant a évidemment laissé des traces. Au sein de la zone euro, le pouvoir d'achat par tête des Allemands apparaît, après intégration des « *Ostländer* », de quelque 16 % supérieur à celui des Italiens. La France est, quant à elle, très proche du Royaume-Uni et de 7 à 8 % en retrait de l'Allemagne.

Pour obtenir une comparaison, non pas des seuls pouvoirs d'achat dans le secteur marchand, mais également des niveaux de vie, nous avons vu au chapitre précédent qu'il fallait faire entrer en ligne de compte les services publics individualisables consommés par les ménages.

Revenu « ajusté » et niveau de vie

La référence au revenu « ajusté » qui inclut les consommations publiques ne bouleverse pas le classement établi en 2008 selon les revenus disponibles par habitant, mais sans surprise, la France améliore nettement sa position, puisque le niveau de vie des Français n'est plus que de 27 % inférieur à celui des Américains, alors que le pouvoir d'achat l'était de 35 %. La santé ou l'éducation sont, on le sait, beaucoup moins prises en charge par la dépense publique aux États-Unis. Le développement des prestations publiques dont bénéficient les Français n'est pas une chimère. Notre pays passe aussi, d'une courte tête, devant le Royaume-

Uni, grâce à un niveau relatif légèrement plus élevé de consommations non marchandes (23 % de la consommation marchande contre 21 %) et, pour la même raison, la différence n'est plus que de 2 % avec l'Allemagne.

Tableau 3 - Comparaison du revenu ajusté des ménages par habitant à la parité du pouvoir d'achat pour six pays avancés en 2008

Pays	En dollars à la parité des pouvoirs d'achat de la consommation effective	Rapport de la consommation « effective » à la consommation privée
États-Unis	39 029	1,09
Allemagne	29 183	1,16
France	28 652	1,23
Royaume-Uni	28 545	1,21
Italie	25 550	1,17
Japon	24 603	1,16

Source : INSEE, « Les revenus et le patrimoine des ménages », édition 2011.
Il s'agit des secteurs 14 et 15 de la comptabilité nationale.

Outre ces rapprochements de niveaux de vie en un point donné du temps, il est intéressant de porter un jugement sur leur croissance dans les six pays considérés au cours de la décennie 1998-2008 (tableau 4). Les différences sont très marquées. États-Unis et Royaume-Uni font ressortir la progression la plus rapide (+ 2,2 % en moyenne annuelle). Cependant la performance de la France (+ 1,9 %) est plus qu'honorable, grâce, comme nous l'avons vu au chapitre précédent, à une progression soutenue de la consommation non marchande (financée malheureusement en partie à crédit). Les performances de l'Allemagne, de l'Italie et du Japon sont plus modestes, se situant plus ou moins en dessous de 1 % de croissance annuelle du niveau de vie. Celle du Japon est spécialement faible et très typique d'une situation de déflation avec un revenu « ajusté » nominal qui régresse, mais une baisse des prix qui parvient tout de même à sauver (petitement) la mise.

Tableau 4 - Croissance du revenu ajusté des ménages par habitant entre 1998 et 2008 à la parité des pouvoirs d'achat dans six pays avancés (en moyenne annuelle)

Pays	États-Unis	Allemagne	France	Royaume-Uni	Italie	Japon
Croissance du RDBA* nominal par habitant	4,5	2,2	3,5	4,3	3,0	-0,3
Croissance des prix à la consommation effective	2,3	1,2	1,6	2,0	2,6	-0,6
Croissance du pouvoir d'achat (revenu « ajusté » par habitant)	2,2	0,9	1,9	2,2	0,4	0,3

**RDBA : revenu disponible brut ajusté.*
Source : INSEE, « Les revenus et le patrimoine des ménages », édition 2011. Il s'agit des secteurs 14 et 15 de la comptabilité nationale.

Pour l'avenir, en ce qui concerne la France, si le revenu disponible traditionnel ne progresse pas plus vite, il est exclu, en raison des contraintes qui pèsent à présent sur l'équilibre de nos finances publiques, que les consommations non marchandes parviennent, à elles seules, à garantir une progression significative du niveau de vie de nos concitoyens.

Tout au long de la première partie de cet ouvrage, nous avons raisonné sur des grandeurs moyennes. Mais chacun sait que ces moyennes n'ont d'existence que statistique et ne disent donc rien sur la situation des divers groupes sociaux qui composent la population. Il est temps d'abandonner le monde abstrait des moyennes pour aborder celui des différences de pouvoir d'achat ou de niveau de vie, objet de notre seconde partie.

DERRIÈRE LES MOYENNES, LES DIFFÉRENCES

Jusqu'ici nous avons beaucoup raisonné sur le pouvoir d'achat ou le niveau de vie moyen ou médian des Français. Pour aller plus loin, il faut décomposer ces indicateurs globaux et s'intéresser non seulement aux diverses formes d'inégalités mesurées (par catégorie sociale, par âge ou par région), mais aussi à la perception que l'on a de son propre pouvoir d'achat ou au poids de certains postes comme le logement.

Chapitre 5

INÉGALITÉS ET PAUVRETÉ EN FRANCE ET AILLEURS

Nous commencerons par décrire l'évolution dans le temps des disparités de pouvoir d'achat, si possible à partir de plusieurs indicateurs. Nous comparerons ensuite le niveau de ces disparités en France avec celui qui est observé dans les pays de l'Union européenne. Pour un pays comme la France où la protection sociale reste élevée, il sera ensuite indispensable de préciser la place qu'occupent les différentes sortes de prestations sociales dans la répartition des pouvoirs d'achat et des niveaux de vie au sein de la population.

L'ÉVOLUTION DES DISPARITÉS DE POUVOIR D'ACHAT EN FRANCE

On n'évoquera pas ici les différences de revenus des ménages, auxquelles on se réfère encore trop souvent, mais bien celles des pouvoirs d'achat.

Ont été retenus quatre indicateurs, plus complémentaires que substituables, de l'évolution des disparités de pouvoir d'achat au sein de la population entre 1996 et 2008[9]. On rappellera que ces pouvoirs d'achat sont mesurés par le revenu disponible brut (précédemment défini) par unité de consommation (selon l'échelle de l'OCDE), en euros constants, ici de l'année 2008. Pour cette année-là, le pouvoir d'achat « médian » – celui qui sépare la population en deux moitiés – s'élevait en France à 18 990 euros et il avait crû en volume au rythme annuel de 1,6 % sur les douze années de la période 1996-2008. Ce pouvoir d'achat médian par « équivalent adulte » s'élevait donc à 1 580 euros par mois.

QUATRE INDICATEURS DE DISPARITÉS DE POUVOIR D'ACHAT

Le rapport de la moyenne à la médiane des pouvoirs d'achat fournit une indication précieuse sur la dissymétrie de la distribution : une hausse de ce rapport va de pair avec une augmentation de la concentration des revenus vers le haut. On rappellera que la médiane est ce niveau de pouvoir d'achat qui sépare par moitié la distribution des pouvoirs d'achat : une moitié des ménages a un pouvoir d'achat supérieur et l'autre moitié un pouvoir d'achat inférieur.

Le rapport des déciles extrêmes (D9/D1) où D9 correspond au niveau de pouvoir d'achat qui sépare des autres ménages les 10 % au pouvoir d'achat le plus élevé, D1, au niveau de pouvoir d'achat qui sépare des autres ménages les 10 % au pouvoir d'achat le plus faible. Là encore, une hausse de ce rapport traduit une augmentation de la concentration des pouvoirs d'achat.

9. INSEE, « *Les revenus et le patrimoine des ménages* », édition 2011, page 10.

Le coefficient de Gini a l'avantage de prendre en compte la totalité de la distribution des pouvoirs d'achat et non pas seulement certaines de ses caractéristiques : il est égal à l'unité si un seul ménage détient la totalité du pouvoir d'achat et les autres un pouvoir d'achat nul. Il est égal à 0 si tous les ménages détiennent le même pouvoir d'achat.

La proportion du « pouvoir d'achat » global détenue par **les 20 % de ménages au pouvoir d'achat le plus élevé** : cet indicateur parle de lui-même.

Entre 1970 et 1996, le coefficient de Gini de la distribution des pouvoirs d'achat des Français s'est tassé, passant, selon l'INSEE, de 0,331 à 0,279, et faisant donc ressortir pendant ces vingt-six années un assez net mouvement de réduction des inégalités de pouvoir d'achat. En 1996, ce mouvement semble s'être arrêté.

Tableau 1 - Quatre indicateurs de l'évolution des disparités de pouvoir d'achat au sein de la population des ménages français entre 1996 et 2008

Année	1996	2004	2008
Rapport moyenne/médiane	1,14	1,16	1,16
Rapport des déciles extrêmes	3,5	3,3	3,4
Coefficient de Gini	0,279	0,281	0,289
Les 20 % au pouvoir d'achat le plus élevé	31,1 %	31,2 %	30,9 %

Source : INSEE, « Les revenus et le patrimoine des ménages », édition 2011, page 107. L'INSEE utilise ici l'EFRS (enquête sur les revenus fiscaux et sociaux).

Au cours des douze années de la période 1996-2008, les indicateurs du tableau ci-dessus ne font pas apparaître de bouleversements dans la distribution des pouvoirs d'achat, mais le coefficient de Gini – le plus global des indicateurs – est tout de même en augmentation, surtout au-delà de l'année 2004. L'INSEE signale qu'effectivement, entre 1996 et 2004, l'augmentation du poids des pouvoirs d'achat élevés avait été contrebalancée par celle du poids des pouvoirs d'achat les plus modestes ; il en était résulté une quasi-stabilité des disparités de pouvoir d'achat tel que le mesure le revenu disponible par unité de consommation. À partir de 2004, la dynamique des revenus du patrimoine a contribué à une sensible augmentation du pouvoir d'achat des ménages les plus aisés et la concentration de la distribution s'est accrue, comme en témoigne l'augmentation significative du coefficient de Gini.

À défaut de pouvoir comparer les évolutions de la dispersion des pouvoirs d'achat intervenues en France avec celles qui ont été observées dans d'autres pays, on peut au moins, grâce à Eurostat, pour une année récente, comparer les concentrations des pouvoirs d'achat des vingt-sept pays composant l'Union européenne.

Comparaisons internationales

Le tableau 2 suivant indique le coefficient de Gini de la distribution des pouvoirs d'achat pour les cinq pays les plus inégalitaires et pour les cinq pays les moins inégalitaires de l'Union européenne. Entre les deux groupes sont proposés quelques pays en situation intermédiaire, dont la France.

Tableau 2 - Indicateurs de disparités de pouvoirs d'achat dans l'Union européenne en 2007

Pays	Coefficient de Gini
Les cinq pays les plus inégalitaires :	
Lettonie	0,38
Portugal	0,36
Roumanie	0,36
Bulgarie	0,36
Royaume-Uni	0,34
Quelques pays intermédiaires :	
Pays-Bas	0,28
France	0,28
Belgique	0,28
Les cinq pays les moins inégalitaires :	
Danemark	0,25
République tchèque	0,25
Suède	0,24
Slovaquie	0,24
Slovénie	0,23
Union européenne	**0,31**

Source : Eurostat, 2010, in INSEE, « Les revenus et le patrimoine des ménages », édition 2011, page 117

Parmi les pays les moins inégalitaires, on trouve sans surprise deux pays scandinaves, mais aussi les pays issus de l'ancienne Tchécoslovaquie et la Slovénie, petit État relativement riche. Dans les pays les plus inégalitaires figurent trois pays d'Europe centrale et orientale qui ont récemment rejoint l'Union européenne, ainsi que le Portugal et le Royaume-Uni, tous États dont l'indice de Gini est de trois à cinq points supérieur à celui de la moyenne générale.

Les trois pays en situation intermédiaire correspondent à la Belgique, aux Pays-Bas et à la France, avec des coefficients de Gini inférieurs de trois points à la moyenne de l'Union européenne. Les systèmes économiques, sociaux et fiscaux de ces trois pays ne sont en effet pas radicalement différents.

Il convient de pouvoir décrire plus en détail cette partie de la population qui détient les pouvoirs d'achat les plus modestes. Ces situations de pauvreté sont généralement appréhendées en valeur relative et non en valeur absolue.

LE TAUX DE PAUVRETÉ : ON EST PAUVRE PAR COMPARAISON AVEC LES AUTRES

Dans un pays donné, seront considérés comme pauvres les ménages dont le pouvoir d'achat (revenu par unité de consommation) est inférieur à une certaine proportion – 40, 50 ou 60 % – du pouvoir d'achat médian. Dans le tableau 3 ci-après, c'est la proportion de 60 % qui a été retenue. Le taux de pauvreté indiqué correspond donc à la proportion de ménages dont le pouvoir d'achat est inférieur à 60 % du pouvoir d'achat médian de la population des ménages. Cela signifie que le « seuil de pauvreté » se déplace lui-même comme le pouvoir d'achat médian de cette population. À mesure que le niveau de vie médian de la population augmente, le niveau de vie en dessous duquel on est considéré comme pauvre augmente aussi.

Selon le critère du taux de pauvreté, la France en 2007 figurait également en situation intermédiaire, mais très près des pays où les taux de pauvreté étaient les plus faibles et les intensités de pauvreté les moins défavorables. Parmi ces pays, on notera la situation favorable des Pays-Bas qui, non seulement avaient un taux de pauvreté modeste, mais faisaient ressortir également une faible intensité de pauvreté (cette intensité mesurant l'écart entre le revenu médian des pauvres et le seuil de pauvreté). À l'opposé, on remarquera la situation très défavorable de pays comme la Roumanie et la Lettonie qui cumulaient des taux de pauvreté élevés et une forte intensité de la pauvreté.

Dans le temps, on notera que la situation de la France s'améliore nettement à cet égard, puisque le taux de pauvreté mesuré comme ci-dessus était, selon Eurostat, encore proche de 18 % en 1970 pour tomber à 13 % au cours des années récentes, soit tout de même plus de 8 millions de personnes pauvres sur une population de quelque 63 millions d'habitants. L'existence d'un salaire minimum mensuel relativement élevé et de nombreux minima sociaux est sans doute l'une des explications qui rendent compte de la situation assez favorable de notre pays eu égard à la pauvreté. Au 1er janvier 2008, parmi les vingt pays de l'Union européenne où un salaire minimum national existait, le salaire minimum en France était, selon Eurostat, en parité de pouvoir d'achat, en quatrième position, derrière le Luxembourg, les Pays-Bas et la Belgique.

Tableau 3 - Indicateurs de pauvreté dans l'Union européenne en 2007

Pays	Taux de pauvreté (en %)*	Intensité de la pauvreté (en %)**
Les cinq pays au taux de pauvreté le plus élevé :		
Lettonie	26	29
Roumanie	23	32
Bulgarie	21	27
Espagne	20	24
Grèce	20	25
Quelques pays intermédiaires :		
Allemagne	15	23
Belgique	15	17
Finlande	14	16
France	13	18
Les cinq pays au taux de pauvreté le plus faible :		
Danemark	12	18
Suède	12	18
Slovaquie	11	18
Pays-Bas	11	15
République Tchèque	9	18
Union européenne	**17**	**22**

**Il s'agit d'un taux de pauvreté calculé par rapport à un niveau égal à 60 % du pouvoir d'achat médian.*
***L'intensité de la pauvreté est le rapport au « seuil de pauvreté » de l'écart de ce seuil au pouvoir d'achat médian des ménages qui se situent en dessous. Plus ce rapport est élevé et plus les pauvres sont pauvres en comparaison de ce seuil.*
Source : Eurostat

Le taux de pauvreté varie cependant fortement dans notre pays selon les groupes de la population. En 2009, par exemple, il était de 48 % dans les ménages dont la « personne de référence » (jadis, le chef de ménage) était au chômage, de 28 % dans les familles monoparentales, de 22 % chez les locataires, et de 18 à 19 % chez les ménages dont la personne de référence était sans diplôme ou exerçait une activité d'employé.

Le rôle des prestations sociales dans la correction des inégalités

Deux types de transferts sociaux interviennent, qui ont tous deux des conséquences très significatives en matière de répartition des pouvoirs d'achat et des niveaux de vie dans la population française[10]. Il y a d'abord des **transferts en espèces** que l'INSEE appelle transferts monétaires. Ils sont importants puisqu'en 2003, par exemple, avec un montant de 312 milliards d'euros, ils représentaient 27 % des revenus primaires des ménages (revenus avant prélèvements sociaux et fiscaux). Les pensions de retraite forment une grande partie de ces transferts monétaires, mais ils comprennent aussi, par exemple, le RMI (devenu depuis RSA), les allocations familiales, les indemnités de chômage, de maladie et de maternité et les allocations personnalisées au logement.

À côté des transferts sociaux en espèces, il existe, comme nous l'avons déjà dit, des **transferts en nature** qui n'entrent pas dans le revenu disponible usuel des ménages, mais constituent, après sommation avec leur revenu disponible, leur revenu « ajusté ».

10. Dans les développements qui suivent, il est fait référence à l'excellent *INSEE Première* de Sylvie Le Laidier, novembre 2009, n° 1 264, « Les transferts en nature atténuent les inégalités de revenus ».

DES TRANSFERTS EN NATURE TRÈS DIVERS

Ces transferts comprennent précisément :

- les transferts de biens et services marchands fournis directement par les administrations publiques (par exemple, CMU, certaines aides au logement, etc.) ;
- les remboursements d'achats de biens et services que les ménages achètent eux-mêmes (médicaments, soins médicaux) ;
- enfin, les transferts de biens et services individuels non marchands qui sont évalués à leur coût de production et concernent le plus souvent l'éducation ou la santé (notamment les dépenses hospitalières).

Ces transferts en nature sont un peu moins importants que les **transferts en espèces** : en 2003, 230 milliards contre 312. Les services de santé représentaient 43 % de ces transferts et l'éducation 33 %, 7 % correspondant aux activités culturelles, récréatives et sportives, 6 % aux dépenses d'actions sociales (aide à la garde d'enfant et aux personnes handicapées, allocation personnalisée d'autonomie) et 4 % enfin aux aides au logement.

Même s'ils sont un peu moins importants, nous allons voir qu'en termes de redistribution des pouvoirs d'achat ou des niveaux de vie, ces **transferts en nature** ont un effet beaucoup plus significatif que les **transferts en espèces**.

Le tableau 4 ci-après permet de mesurer l'influence redistributive par rapport aux revenus primaires des ménages (avant redistribution), d'une part des **transferts sociaux en espèces**, de l'autre, des **transferts en**

nature. On se contentera de rapprocher les quintiles extrêmes, soit les 20 % de ménages au pouvoir d'achat le plus modeste et les 20 % au pouvoir d'achat le plus élevé.

Tableau 4 - L'influence des transferts sociaux en espèces et en nature selon le pouvoir d'achat des ménages en 2003

	Montant moyen du pouvoir d'achat du premier quintile en euros*	Pourcentage par rapport aux revenus primaires	Montant moyen du pouvoir d'achat du cinquième quintile en euros*	Pourcentage par rapport aux revenus primaires	Rapport des montants moyens des deux quintiles
Revenus primaires	7 510	100	60 620	100	**8,1**
Impôts directs et cotisations sociales	-2 760	-37	-24 710	-41	
Transferts monétaires	5 320	71	14 120	23	
Revenu disponible brut	10 080	134	50 030	82	**5,0**
Transferts en nature	7 400	98	5 110	8	
Revenu disponible brut ajusté	17 480	232	55 140	90	**3,2**

**Distribution des ménages selon leur niveau de pouvoir d'achat (revenu par unité de consommation). Montants moyens par unité de consommation en euros dans chacun des deux quintiles.*

Source : INSEE Première, *n° 1264, novembre 2009*

Au travers de la dispersion du pouvoir d'achat, on mesure que le **système de prélèvements-prestations français** (prélèvements et transferts monétaires) possède déjà une évidente efficacité de redistribution. Le rapport des revenus primaires moyens par unité de consommation des deux quintiles extrêmes s'élève en effet à plus de 8, alors que celui des revenus disponibles bruts tombe à 5. Les **transferts en espèces** forment 71 % du montant des revenus primaires du premier quintile et seulement 23 % de celui du quintile le plus aisé. C'est que le quintile modeste perçoit beaucoup de ces prestations monétaires que sont les minima sociaux, les allocations familiales (il y a dans ce quintile beaucoup de familles de plus de trois enfants) et les indemnités chômage. Cependant, la place que tiennent les pensions de retraite dans ces transferts en espèces limite leur caractère redistributif. De fait, compte tenu des retraites supplémentaires, le taux de remplacement des salaires de cadres n'est souvent pas aussi inférieur à celui des non-cadres qu'on pouvait le penser.

L'efficacité redistributive des **transferts en nature** est nettement plus marquée. Ces transferts représentent en effet pas loin de 100 % du montant moyen des revenus primaires dans le premier quintile (7 400 euros sur 7 510) et seulement 8 % de celui des revenus primaires du quintile le plus aisé (5 110 euros sur 60 620).

Des deux principaux postes de ces transferts, ce sont les dépenses d'éducation qui sont les plus redistributives (encore ces familles nombreuses dans le premier quintile). Celui-ci bénéficie en outre de 70 % des aides au logement. En revanche, les dépenses de santé en nature sont à peu près également réparties entre les cinq quintiles de la distribution des pouvoirs d'achat, ce qui signifie que la proportion de personnes âgées – fortement consommatrices de médicament et de soins – n'est pas tellement différente d'un quintile à l'autre. Au total, le rapport des revenus « ajustés » entre les quintiles extrêmes tombe à 3,2, venant de 5, comme nous l'avons vu pour celui des revenus non ajustés.

Pour conclure ce chapitre, nous insistons à nouveau sur la nécessité d'inclure les **transferts en nature** dans l'évaluation des **niveaux de vie** et donc de prendre en considération non pas les revenus disponibles usuels, mais bien les revenus disponibles « ajustés » que calculent désormais les comptables nationaux. À notre connaissance, l'INSEE n'a pas encore publié de distribution des revenus « ajustés » par unité de consommation – distribution réellement représentative des niveaux de vie que l'on puisse rapprocher de la distribution des pouvoirs d'achat.

S'agissant de ces niveaux de vie dans la définition que nous retenons, il faudrait d'ailleurs d'abord se demander si le barème des unités de consommation de l'OCDE garde sa pertinence : il n'est pas sûr en effet que les économies du « vivre ensemble » mesurées jusqu'ici essentiellement sur les consommations marchandes puissent être transposées sans plus au domaine des consommations non marchandes où les économies d'échelle n'ont rien d'évident.

Avec ces mesures complexes et forcément sophistiquées, nous sommes bien loin des perceptions que peuvent avoir les particuliers eux-mêmes. C'est sur l'écart entre **mesures objectives** et **perceptions subjectives** de ces grandeurs que nous allons nous interroger au chapitre suivant.

Chapitre 6

POURQUOI VOUS NE CROYEZ PLUS À CE QUE VOUS DISENT LES STATISTICIENS ?

Si l'évolution mesurée du pouvoir d'achat est une chose, l'évolution ressentie en est souvent une autre. Le **niveau de vie**, au sens où nous l'avons défini précédemment (en ajoutant au revenu disponible des ménages les services publics non marchands pour calculer un revenu « ajusté »), n'est pas suivi de façon conjoncturelle par l'INSEE. Il peut être calculé rétrospectivement en partant des comptes nationaux annuels qui sont publiés quelque six mois après la fin de l'année concernée. Dans ce chapitre où il sera question des **évolutions perçues** par les Français, il serait, sauf exception, irréaliste de croire que celle des services publics gratuits dont ils bénéficient puisse faire partie de leurs perceptions.

Les développements qui suivent seront donc centrés sur l'évolution du seul **pouvoir d'achat** mesuré, nous le savons maintenant, par le revenu disponible d'un ménage divisé par le nombre d'unités de consommation auquel il correspond.

De la part des ménages, selon l'enquête « Conditions de vie et Aspirations des Français » réalisée chaque année par le CREDOC, l'arbitrage temps libre/pouvoir d'achat a beaucoup évolué au cours des vingt dernières années. Au début des années 1990, les préférences étaient à 65 % en faveur du pouvoir d'achat et à 35 % pour le temps libre. Avant même l'introduction des 35 heures, ces préférences s'étaient quelque peu modifiées au profit du temps libre : en 2000, 60 % seulement des enquêtés se prononçaient pour le pouvoir d'achat contre 40 % pour le temps libre. En revanche, depuis cette date, on assiste à une forte remontée de la demande de pouvoir d'achat : en 2007, par exemple, les trois quarts des enquêtés exprimaient leur préférence pour une amélioration du pouvoir d'achat et un quart seulement pour davantage de temps libre. Sans surprise, l'arbitrage en faveur du pouvoir d'achat est spécialement net chez les jeunes, les catégories populaires et, d'une façon générale, chez ceux qui déclarent se restreindre sur tous les postes de consommation (le logement venant en tête)[11].

Cette forte remontée de la demande de pouvoir d'achat – qui correspond sans doute au fait qu'il ne progresse plus que très lentement ou paraît menacé – nous incite à nous interroger sur la perception par les ménages de l'évolution de leur pouvoir d'achat et sur les écarts qui peuvent exister entre les évolutions « ressenties » à cet égard et celles qui sont mesurées par l'INSEE.

11. « Mesurer le pouvoir d'achat », *op. cit.*, page 10.

L'évolution ressentie du pouvoir d'achat n'est plus en phase avec l'évolution observée

Entre 1998 et 2004, l'évolution des perceptions des ménages dans les enquêtes portant sur leur situation financière personnelle était assez proche de celle du pouvoir d'achat du « secteur » des ménages telle qu'elle était saisie dans les comptes nationaux en mesurant la variation réelle de leur revenu disponible. Mais depuis 2004, un fort décalage s'est introduit entre l'évolution perçue du pouvoir d'achat par les Français et l'évolution observée par l'INSEE. C'est ce qui résulte, par exemple, d'une enquête de la Sofres réalisée en octobre 2006.

Tableau 1 - Réponses à la question : « Les prévisions économiques de l'INSEE indiquent qu'à la fin de cette année, le pouvoir d'achat des Français aura augmenté de 2,3 % en moyenne par rapport à l'an dernier. Sur ce point, laquelle de ces phrases correspond à votre attitude ? » (en %)

Le pouvoir d'achat augmente et d'ailleurs c'est bien le cas pour vous.	9
Le pouvoir d'achat augmente pour d'autres, mais ce n'est pas le cas pour vous.	21
Vous n'avez pas le sentiment que le pouvoir d'achat augmente ni pour vous ni pour d'autres.	68
Sans opinion	2
Total	**100**

Source : Enquête Sofres-Casino, 2006, CAE, op.cit., page 13

Moins d'un enquêté sur dix constate que le pouvoir d'achat augmente pour lui et plus des deux tiers n'ont pas le sentiment que le pouvoir d'achat n'augmente, ni pour eux-mêmes, ni pour les autres. Le décalage entre le « ressenti » et l'« observé » est donc flagrant. Le phénomène ne semble pas avoir concerné que notre pays, mais, dans les autres pays où il est apparu, il paraît s'être assez rapidement résorbé, alors qu'il s'est maintenu chez nous.

Le rapport du Conseil d'analyse économique (CAE) sur la mesure du pouvoir d'achat (octobre 2007)[12] consacre de longs développements à tenter d'expliquer cet écart qui est dû à des raisons tantôt techniques, tantôt psychologiques.

Les explications possibles de l'écart entre le « ressenti » et l'« observé »

On peut regrouper ces explications autour de trois thèmes : la prise en compte des évolutions de prix, le mode de calcul du revenu, l'apparition de nouvelles normes de consommation.

Des Français hypersensibles aux prix

Les Français, dans l'appréciation de leur pouvoir d'achat, semblent accorder une place spécialement importante aux évolutions de prix. Comme si le pouvoir d'achat s'identifiait en quelque sorte au « coût de la vie ». Cette importance donnée aux évolutions de prix pourrait être une particularité française : dans des pays comme les États-Unis, l'Irlande et le Royaume-Uni, les évolutions des rémunérations sont beaucoup plus souvent invoquées.

12. Voir www.cae.gouv.fr/spip.php?article41

En 2007, par exemple, les raisons mentionnées par les Français pour rendre compte d'une stagnation ou d'une baisse de leur pouvoir d'achat étaient pour 38 % d'entre eux le passage à l'euro et les évolutions de prix qui en ont résulté (nous sommes pourtant alors cinq ans après le changement de monnaie) ; en deuxième position, pour 23 % des enquêtés, « la hausse des prix dans beaucoup de postes de consommation », et seulement pour 17 % « la stagnation ou la hausse insuffisante des revenus ».

Cette attention accordée aux évolutions de prix s'est traduite depuis 2001 par l'apparition d'un écart important entre l'inflation perçue par les Français et l'évolution mesurée par l'INSEE. Entre 1986 et 1995, l'inflation perçue par les Français (opinion sur les évolutions passées des prix) était au contraire en général inférieure à l'inflation annoncée par l'INSEE. Entre 1995 et 2001, les deux types d'observations ont tendance à se rejoindre. Entre 2001 et 2006, l'inflation perçue par les ménages est largement supérieure à l'inflation officielle (parfois de deux à trois points de pourcentage)[13]. Le choc provoqué par le passage à l'euro en 2002 reste présent dans les esprits en 2012 : nombre de consommateurs continuent de souligner que la baguette de pain, qui était à un franc en 2001, coûte plus d'un euro en 2012. Le moins que l'on puisse dire est qu'à cette époque, les arrondis sur l'euro ne se sont pas faits en faveur des acheteurs.

13. Voir rapport Quinet, « Mesure du pouvoir d'achat des ménages », février 2008, résumé, page 5 (www.minefe.gouv.fr/directions_services/sircom/rap_mesure_pouvoir_achat.pdf). La France n'est d'ailleurs pas la seule dans ce cas, un tel écart se manifestant encore, dans la zone euro, en Belgique, en Finlande et en Grèce. Mais cet écart s'est résorbé dans les douze autres pays de la zone.

EN MATIÈRE DE PRIX, IL N'Y A PAS QUE LE PASSAGE À L'EURO

Quelques autres hypothèses ou constats peuvent expliquer l'écart entre le mesuré et le perçu :

- Les Français pourraient accorder beaucoup d'attention aux hausses de prix des biens de consommation courante et ne pas voir les baisses de prix importantes qui ont caractérisé les biens durables. Qui a noté que le prix des écrans plats de télévision baisse au rythme de 10 % l'an, un 32 pouces étant passé de 833 euros, prix moyen 2007, à 391 euros en 2011 (source GfK) ?
- Pour l'INSEE, l'augmentation de la qualité d'un bien fait partie de l'accroissement en volume de la consommation, alors que le consommateur, qui peut ne pas avoir le choix, est surtout sensible à l'augmentation du prix du nouveau produit. Qui fait attention au fait que les automobiles – même à essence – roulent couramment plus de 150 000 km, alors que la barre des 100 000 km semblait difficilement franchissable il y a une vingtaine d'années ?
- Pour l'INSEE, ce sont les prix totaux des produits et services subventionnés (en santé notamment) qui sont comptabilisés dans la dépense et non pas la seule part de ces prix qui est supportée par les ménages : or, au cours des dernières années, si les prix totaux n'ont que modérément augmenté, la part supportée par les ménages s'est beaucoup accrue.
- Enfin, le coût du logement tel qu'il est saisi dans l'indice de prix de l'INSEE ne correspond sans doute pas aux postes considérés à ce titre par les ménages.

Au-delà des explications plus ou moins complexes, il faut surtout observer que l'indice général des prix à la consommation, dont l'objectif est de mesurer l'inflation et qui sert de dénominateur dans le calcul de l'évolution du pouvoir d'achat, est un indice fondé sur la structure de la consommation globale des ménages. Cette structure ne correspond évidemment à celle de la consommation d'aucun ménage en particulier. Il n'est donc pas étonnant que des écarts apparaissent entre l'évolution de cet indice et celle de l'inflation vécue au quotidien.

LE SIMULATEUR D'INDICE DE PRIX PERSONNALISÉ DE L'INSEE

Depuis 2007, l'INSEE a mis à la disposition du public un simulateur d'indice de prix personnalisé (www.insee.fr/fr/indicateurs/indic_cons/sip/sip.htm) qui permet de calculer - à partir du 1er janvier 2000 ou sur les 12 derniers mois – une évolution des prix avec une pondération de la dépense d'un budget particulier, que l'on peut comparer avec la pondération moyenne. 13 postes de dépenses sont proposés. La comparaison de l'évolution du prix moyen de ses propres dépenses avec l'évolution de l'indice général est facile à faire. L'utilisation de ce simulateur est tout à fait conviviale. Il serait intéressant d'en connaître la fréquentation.

La rubrique « Autre » qui correspond à près de 39% des dépenses dans le budget moyen est tout de même sans doute un peu trop importante. L'évolution de son prix n'est d'ailleurs par explicitée.

Les écarts concernant les revenus

Là encore, certains écarts entre le « ressenti » et le « mesuré » relèvent de la perception que les ménages ont de leur revenu, quand d'autres dépendent de la mesure même des revenus réalisée par l'INSEE.

LE REVENU CALCULÉ PAR L'INSEE N'EST PAS LA GRANDEUR À LAQUELLE SE RÉFÈRENT LES FRANÇAIS

- Les salaires et retraites sont regardés de près, mais les revenus du patrimoine, ainsi que l'intéressement et la participation dans les entreprises, sont souvent oubliés par les Français.
- Le pouvoir d'achat apprécié par les particuliers est peut-être celui de cette seule partie du revenu qui n'est pas consacrée à des dépenses obligatoires (loyers, assurance, remboursements d'emprunts, etc.), ce que certains appellent le revenu « libre » ou « arbitrable », notion sur laquelle nous revenons au chapitre suivant.
- Le revenu pris en compte par les particuliers est probablement autant un revenu anticipé qu'un revenu perçu au cours d'une période précise ; il pourrait être une sorte de revenu « permanent » faisant une large place aux attentes et aux craintes concernant l'avenir.
- Certaines aides fiscales enfin, notamment aux ménages modestes (par exemple, la prime pour l'emploi), ne sont sans doute pas prises en considération par les Français en raison des retards dans leur versement.

Les ménages ne sont cependant pas seuls en cause. La notion même de revenu disponible utilisé par l'INSEE a des aspects conventionnels. Si elle ne prend pas en compte les plus-values immobilières et financières réalisées par les ménages, ce qui a pour conséquence de sous-estimer leurs ressources réelles, en sens inverse, elle intègre la notion de loyers « imputés » aux propriétaires occupants, loyers que ceux-ci ne comptent évidemment pas dans leurs revenus.

Enfin, comme nous l'avons déjà signalé au chapitre 2, l'INSEE a communiqué trop longtemps sur l'évolution du seul revenu disponible du « secteur » des ménages des comptes nationaux.

Sur la période de sept années 1999-2006 par exemple, la progression du pouvoir d'achat du revenu disponible du « secteur » ménages de la comptabilité nationale dépasse 15 %, alors que, mesurée comme il se doit par unité de consommation, elle n'est que de 9 % (tableau 2). L'écart est important. On comprend que le BIPE (une société de conseil en stratégie) ait, dès 2004, calculé ce pouvoir d'achat par unité de consommation. En septembre 2007, l'Institut National de la Consommation (INC) annonçait dans *60 millions de consommateurs* une croissance du pouvoir d'achat de 0,8 % entre juin 2006 et juin 2007, alors que l'INSEE faisait part au même moment d'une croissance probable du pouvoir d'achat des Français en 2007 de 3,2 %, soit sa plus forte hausse depuis 2002[14].

14. Rapport CAE, *op.cit.*, page 14.

Tableau 2 - Évolution du pouvoir d'achat des ménages mesuré par le revenu disponible à différents niveaux sur la période 1999-2006

Évolution du pouvoir d'achat du revenu disponible brut (RDB)	En %
RDB du « secteur » ménages	15,2
RDB par tête	10,8
RDB par ménage	6,4
RDB par unité de consommation	9,4

Source : Rapport du CAE, op. cit., *page 49*

Le changement des normes sociales de consommation

Il faut enfin mentionner une dernière cause possible d'écarts entre l'évolution mesurée du pouvoir d'achat et celle que perçoivent les Français. Il s'agit des changements qui peuvent intervenir dans ce que nous avons appelé précédemment le « vouloir d'achat ». La large diffusion de produits relevant des nouvelles technologies entraîne en effet une évolution des **normes sociales de consommation**. Les jeunes générations sont spécialement sensibles à ces tendances et apprécient leur pouvoir d'achat par rapport à ces nouvelles normes. Celles-ci, après quelques années, gagnent d'ailleurs aussi les générations plus anciennes, de sorte que le « vouloir d'achat » d'une grande partie de la population est modifié et le jugement porté sur l'évolution du pouvoir d'achat rendu plus pessimiste. Au moment de leur introduction, ces produits innovants ont en effet un prix souvent élevé (voir, par exemple, les différentes « tablettes numériques » proposées par les constructeurs)[15]. Si quatre utilisateurs de téléphone mobile sur dix étaient déjà équipés d'un iPhone et autres smartphones en France au troisième trimestre 2011, comme l'estime Médiamétrie, il est vraisemblable que cet achat ou l'abonnement qui en a abaissé le prix apparent représente une ponction non négligeable sur le pouvoir d'achat pour une partie de ces acheteurs.

Deux remarques peuvent servir de conclusion à ce chapitre. La première est qu'il est probablement vain de vouloir faire coïncider, en matière de pouvoir d'achat ou de niveau de vie, le « mesuré » et le « ressenti ». La mesure comporte trop de conventions et la perception, trop d'influences possibles. Comme pour les températures, il faut donc considérer qu'on a affaire là à deux types d'observations dont la signification n'est pas la même et qui chacun mérite une interprétation spécifique.

La seconde remarque est que, partout où cela est possible, il faut naturellement encore améliorer la communication dans ce domaine. Les producteurs d'information devront donc rendre leur vocabulaire plus précis et la presse se montrer suffisamment lucide quant à la nature des informations qu'elle commente.

En attendant ces améliorations, il faut retenir que les Français abordent une période où leur pouvoir d'achat est menacé par la crise en ayant déjà le sentiment depuis plusieurs années que leur situation est moins bonne que ce qu'on leur en dit.

15. Rapport CAE, *op.cit.*, pages 37 à 39.

Chapitre 7

QUE RESTE-T-IL APRÈS LES DÉPENSES OBLIGATOIRES ?

Nous avons précédemment évoqué l'évolution du pouvoir d'achat très contrastée d'un produit à l'autre. Nous avons également mentionné au chapitre précédent la prise en compte par les ménages de cette seule partie de leurs revenus qui ne correspond pas à des dépenses contraintes : le revenu « arbitrable ». Enfin a été pointé le malaise que peuvent ressentir les ménages en ce qui a trait à l'évolution des coûts du logement. Tout cela mérite que l'on y revienne.

Une forte déformation des prix relatifs

Les biens nouveaux dans une économie sont souvent introduits à des prix élevés, mais des progrès de productivité sont rapidement réalisés et les prix de ces biens tendent alors à baisser de façon très significative. En sens inverse, les prix des biens et services produits sans gains de productivité augmentent fréquemment plus vite que l'indice général des prix : c'est le fameux exemple de l'évolution du prix de la coupe de cheveux longuement étudié jadis par l'économiste français Jean Fourastié.

Le tableau 1 ci-après offre un bon exemple de la déformation des prix relatifs des biens et services qui a pu être observée sur les cinq années de la période 2001-2006.

Tableau 1 - Évolution des prix relatifs des biens et services par rapport à l'indice général des prix à la consommation (IPC) entre 2001 et 2006 (en % annuel moyen)

Baisse annuelle des prix relatifs		Hausse annuelle des prix relatifs	
Ordinateurs et autres matériels de traitement de l'information	-10,3	Fiouls domestiques	8,6
Matériel vidéo	-9,7	Tabac	7,2
Poste téléphonique	-9,4	Gazole et GPL	4,3
Caméscope	-9,2	Réparation de véhicules	4,0
Appareils de photo	-8,7	Loyers des résidences de vacances	2,9
		Réparation horlogerie	2,4

Source : Rapport CAE, op.cit., *page 31*

Sur ces cinq années, l'ensemble des prix à la consommation a augmenté de 1,9 % par an. Par rapport à cet indice général, le prix relatif des ordinateurs a décru de plus de 10 % par an. En revanche, on a assisté à une forte hausse du prix relatif, non seulement du tabac, des fiouls et du gazole, mais aussi de ces services à très faibles gains de productivité que sont les réparations d'horlogerie ou de voitures. L'ordinateur est ce qu'on ne remplace que tous les trois ou quatre ans (celui sur lequel je travaille est dans sa cinquième année !), alors que l'augmentation des fiouls est bien perçue chaque année.

Il est donc possible, comme nous l'avons suggéré au chapitre précédent, que les Français aient été plus sensibles aux augmentations de prix (relatifs ou absolus) des biens et services courants qui sont des dépenses « contraintes » (chauffage, réparations) qu'aux baisses de prix sur ces biens que l'on appelle durables et qu'on peut choisir de ne pas remplacer.

Mesurer une évolution du pouvoir d'achat du seul revenu « arbitrable » ?

Depuis le début des années 1980, on calcule aux États-Unis un indice de pouvoir d'achat du revenu des ménages hors dépenses obligatoires. En 2004, le BIPE a défini pour les Français un « pouvoir d'achat libéré » provenant du revenu « arbitrable ». Pour ce faire, il déduisait du revenu disponible les charges liées au logement, les assurances obligatoires, les transports collectifs et une estimation des remboursements de crédits. Cette prise en compte réduisait le revenu disponible d'un tiers. En 2007, l'INSEE faisait état, dans le rapport sur les comptes de la Nation de 2006, d'un exercice analogue.

La commission Quinet sur « La mesure du pouvoir d'achat des ménages » a, dans son rapport de 2008, consacré de très longs développements à cette notion de « revenu arbitrable ». Tout en demandant que la réflexion se poursuive dans ce domaine, ce rapport propose de retenir dans le champ des « dépenses de consommation préengagées »[16] :

- les dépenses liées au logement (loyer, eau, gaz, électricité, combustibles) ;
- les services de télécommunications et de télévision ;
- les frais de cantine ;
- les assurances ;
- les services financiers.

On est surpris de ne pas trouver dans cette liste les remboursements de crédits qui constituent pourtant l'un des premiers engagements du revenu. La cause de cette omission est peut-être que le montant de ces remboursements ne fait l'objet d'aucune mesure officielle. Entre économistes, on appelle cela le « syndrome du réverbère » : on ne regarde que sous le réverbère, car c'est la seule partie de l'espace qui est éclairée !

C'est donc à juste titre que ce même rapport Quinet en appelle à une collaboration entre la Banque de France et l'INSEE pour que soit établie une statistique des remboursements d'emprunts par les ménages et, tout spécialement, des emprunts liés à l'habitat qui pourraient s'élever à 5 ou 6 % de leur revenu global. Signalons, pour être objectif, que nous ne connaissons pas de pays étranger dans lequel cette information soit disponible : les travaux à réaliser sont en effet assez lourds. Mais une fois ces remboursements connus, les calculs de dépenses préengagées se feront à l'évidence

16. Rapport Quinet, *op.cit.*, pages 40 et 41.

sur des bases beaucoup plus satisfaisantes, à condition de distinguer trois groupes de ménages : les locataires, les propriétaires non endettés et les propriétaires endettés qui seuls supportent évidemment le poids des remboursements de crédits.

Sans aller jusqu'à la notion large de dépenses contraintes, l'INSEE a récemment calculé des « taux d'effort » concernant le logement qui mesurent le poids des dépenses liées au logement dans le revenu disponible des ménages. Ces « taux d'effort », qui couvrent les dépenses traditionnellement retenues, ont été obtenus en introduisant aussi, pour les ménages endettés, des estimations sur le poids des remboursements de crédits à l'habitat. De ce fait, si le taux d'effort logement est le plus important pour les locataires du secteur privé (36 % en raison du poids des loyers), on vérifie dans le tableau 2 ci-après qu'il se situe à un niveau élevé pour les propriétaires remboursant un crédit à l'habitat (32 %) par rapport aux propriétaires non endettés (12 % seulement).

Tableau 2 - Taux d'effort médian* des ménages selon le statut d'occupation du logement en 2007

Statut d'occupation du logement	Taux d'effort médian
Locataires du secteur privé	36 %
Propriétaires endettés	32 %
Locataires du secteur social	30 %
Propriétaires non endettés	12 %
Ensemble des ménages	22 %

**Il s'agit du taux d'effort (mesuré par rapport au revenu disponible) qui sépare par moitié à cet égard la population des ménages concernés.*
Source : INSEE, « Les revenus et les patrimoines des ménages », édition 2011

En se contentant aujourd'hui de la définition des dépenses contraintes (ou préengagées) retenue par la commission Quinet (donc hors remboursements d'emprunts), il apparaît que le poids de ces dépenses a fortement augmenté depuis un demi-siècle, puisque leur part dans le revenu des ménages est passée de moins de 14 % en 1959 à 29 % en 2006, cette progression étant principalement due aux dépenses liées à l'habitation, dont la part dans le revenu est passée de 9 % en 1959 à plus de 21 % en 2006.

Quant au pouvoir d'achat du revenu arbitrable (ou libéré), dont la mesure de l'évolution est évidemment l'objectif ultime de la démarche entreprise, il n'a augmenté qu'un peu moins vite que le revenu total au cours de la période 1960-1973, le décalage étant plus marqué de 1974 à 2006 (tableau 3).

Au cours de la première période – qui correspond à la seconde moitié des « Trente Glorieuses » – la progression annuelle du pouvoir d'achat est très forte et celle du revenu « libéré » n'est que d'un dixième de point inférieure à celle du revenu global. Au cours de la période suivante, la progression du pouvoir d'achat connaît une brutale décélération, puisqu'elle est divisée par quatre ou cinq et l'écart entre les deux notions se creuse. Si l'on considère les années plus rapprochées 1990-2006, le pouvoir d'achat par unité de consommation du revenu « libéré » ne progresse au total, sur l'ensemble de la période, que de 18 %, alors que celui du revenu global augmente de 23 %, ce qui représente un écart significatif[17].

17. Rapport Quinet, *op. cit.*, page 16.

Tableau 3 - Évolution annuelle moyenne du pouvoir d'achat « libéré » comparée à celle du pouvoir d'achat global des ménages (en %)

Période	1960-1973	1974-2006
Pouvoir d'achat global par unité de consommation	4,7	1,3
Pouvoir d'achat du revenu « libéré » par unité de consommation	4,6	1,0

Source : Rapport Quinet, 2008, page 42

Il est encore plus révélateur d'observer les différences de situation à cet égard d'un groupe de ménages à l'autre et, par exemple, entre les différents déciles de la distribution des ménages selon le niveau de leur pouvoir d'achat (revenu par unité de consommation). En 2005 la part des dépenses « contraintes » dans l'ensemble des dépenses réalisées par le décile le plus modeste s'élevait à 48 %, alors qu'elle n'était que de 27 % pour le décile des ménages les plus aisés[18]. Selon la catégorie sociale, cette part était de 37 % pour un ouvrier, mais seulement de 27 % pour un cadre.

S'agissant de la progression du pouvoir d'achat de ce revenu libéré, les choses sont moins nettes : en 2003, par exemple, le pouvoir d'achat augmente de 2,4 % pour le décile le plus aisé, alors qu'il diminue de 2 % pour le décile le plus modeste. Mais sur les sept années de la période 1997-2003, le pouvoir d'achat « libéré » de ce dernier a, à quatre reprises, progressé plus vite que celui du premier.

18. Calculs réalisés par Nicolas Ruiz au Centre d'analyse stratégique, et repris dans le rapport du CAE, *op.cit.*, page 63.

Pour une prise en compte plus réaliste du coût du logement

D'un strict point de vue économique, l'acquisition d'un logement est partout considérée comme un investissement et non comme une consommation. Le prix d'achat d'un logement n'a donc pas de raison de figurer dans l'indice général des prix à la consommation.

Pourtant, chaque année, l'INC prend résolument le parti inverse. Pour lui, le coût d'acquisition du logement fait partie, pour les acheteurs, des dépenses courantes sur l'ensemble desquelles la dérive des prix doit être calculée. L'INC intègre donc, selon une pondération appropriée, la hausse du prix des logements dans le calcul de l'évolution de l'indice général des prix.

Pour sa part, la commission Quinet appuie les recherches de longue haleine d'Eurostat pour établir un indice de prix de la dépense qui agrège indice des prix à la consommation et indice des prix des logements neufs. Pour le moment, en ce qui concerne notre pays, on dispose d'un indice reconnu de l'évolution des prix des logements anciens, mais pas des logements neufs. Pour gagner encore en réalisme, on peut d'ailleurs se demander s'il ne faudrait pas aussi tenir compte de l'évolution des prix des logements anciens. Autrefois, les primo-accédants acquéraient principalement des logements neufs. Ce n'est plus le cas aujourd'hui et ils ont donc souvent à supporter le poids de l'augmentation du prix des logements anciens. Plus généralement, on rappellera que, dans notre pays, en une année, il s'effectue de 700 000 à 800 000 transactions sur les logements anciens et de 200 000 à 300 000 sur les logements neufs. L'évolution du prix des logements anciens constitue donc, pour les Français, une référence importante.

Pour être complet, il faut enfin se demander si les prix des travaux ne devraient pas, eux aussi, entrer dans l'indice des prix associés à la dépense globale des ménages. Pour maintenir la valeur réelle de leur logement, les ménages doivent en effet réaliser des travaux d'entretien dont la hausse des prix peut évidemment contribuer à peser sur le pouvoir d'achat.

Ceux des Français qui voient se profiler aujourd'hui des menaces sur leur pouvoir d'achat alors qu'ils ont déjà le sentiment que la part des dépenses contraintes, notamment celles de logement, ne leur laisse qu'une faible marge de manœuvre, sont donc particulièrement inquiets, on le comprend, quoi qu'on leur dise sur la progression de leur pouvoir d'achat moyen depuis dix, vingt ou trente ans.

Chapitre 8

L'ÉVOLUTION DU POUVOIR D'ACHAT SELON L'ÂGE

L'âge est évidemment une variable à laquelle on est très attentif quand on examine le niveau du pouvoir d'achat et son évolution dans le temps. On entend souvent évoquer le risque d'une sorte de guerre entre les jeunes et les vieux, ces derniers étant détenteurs de richesse et de pouvoir d'achat alors que les jeunes générations sont plutôt maltraitées. Les politiques évoquent régulièrement des mesures dont l'un des effets serait de reprendre aux retraités une partie de leur pouvoir d'achat qui a jadis beaucoup progressé.

Pourtant un traitement un peu trop hâtif de la relation entre âge et pouvoir d'achat peut conduire à plusieurs erreurs d'interprétation.

Une première précaution à prendre est de signaler que si les **transferts monétaires publics** (prélèvements, prestations) sont bien pris en compte dans le calcul des ressources des ménages, il n'en est pas de même des **transferts privés** (donations, héritages). Au niveau macroéconomique, ces transferts n'ont pas d'effet, car ils sont réalisés, pour l'essentiel, au sein du secteur « ménages » de la comptabilité nationale. Dans une analyse par classe d'âge au contraire, il est clair que certaines classes d'âge sont bénéficiaires nets de ces transferts (en majorité les moins de 50 ans) tandis que d'autres sont à l'origine de ces transferts. Il ne s'agit pas là d'un mince détail puisque chaque année, ce sont quelque 100 à 130 milliards d'euros qui changent de mains, soit un montant qui peut s'approcher de 10 % du revenu global des ménages et qui, pour les bénéficiaires, représente évidemment beaucoup plus.

Le pouvoir d'achat selon l'âge dans les enquêtes ponctuelles

Le plus souvent, les enquêtes auprès des ménages sont, en France comme ailleurs, menées en un point donné du temps (c'est-à-dire en fait sur quelques semaines). On parle alors d'enquêtes ponctuelles ou en coupe instantanée. Les enquêtes sur panel, où l'on suit année après année les mêmes ménages pendant un temps plus ou moins long, sont rares : elles sont d'autant plus coûteuses qu'elles doivent être poursuivies longtemps pour livrer des renseignements vraiment intéressants.

Les informations apportées par les enquêtes ponctuelles sont déjà précieuses. Les Enquêtes Revenus Fiscaux (ERF), menées en France depuis 1996, rassemblent des informations issues de l'enquête « Emploi » et des données fiscales. Elles permettent ainsi de déterminer le pouvoir d'achat des ménages selon l'âge de la « personne de référence ». Pour l'année 2005, par exemple, exprimé en euros de la même année et selon le revenu par unité de consommation, le pouvoir d'achat annuel des plus jeunes (moins de 26 ans) ne dépasse que de peu les 14 000 euros. Il paraît s'élever ensuite jusqu'à 30 ans et atteint alors un niveau de quelque 18 000 euros auquel il se maintient pratiquement jusqu'à 45 ans. Il fait apparaître ensuite une forte augmentation jusqu'à l'âge de 56-58 ans où il atteint un maximum de 22 000 euros. On assiste ensuite à une retombée plus ou moins rapide qui ramène ce pouvoir d'achat à environ 17 000 euros pour les ménages dont la personne de référence a au moins 75 ans[19]. Toutefois, dans l'interprétation de ces écarts entre classes d'âge, il ne faut pas confondre **effet d'âge** et **effet de génération**.

« EFFET D'ÂGE » ET « EFFET DE GÉNÉRATION »

Il faut se garder d'une interprétation temporelle du cycle de vie des observations fournies ci-dessus : affirmer, par exemple, au vu des résultats précédents, qu'au cours de leur cycle de vie, le pouvoir d'achat des ménages reste stable entre 30 et 45 ans serait, comme nous le verrons, une contre-vérité. En effet, ces « photographies » prises à un moment donné ne sont qu'un instantané des différents « films » qui se déroulent pour chaque génération, en considérant que ces générations sont repérées par la date de naissance de la « personne de référence » du ménage et conséquemment par la date de son entrée

19. Dossier « Niveau de vie par âge et génération entre 1996 et 2005 », INSEE, « Les revenus et le patrimoine des ménages », édition 2010 (www.insee.fr/fr/publications-et-services/sommaire.asp?codesage =REVPMEN10). En fait, comme nous l'avons déjà signalé, l'appellation « niveau de vie » est abusive puisque les consommations non marchandes des ménages (principalement, éducation et santé) ne sont ici pas prises en compte. C'est pourquoi, au texte, nous maintenons l'expression « pouvoir d'achat » qui renvoie bien aux seules possibilités d'interventions dans la sphère marchande.

en activité. Ces « films » correspondent au cycle de vie concret des ménages appartenant à la génération considérée, avec ses caractéristiques propres, en particulier en termes d'environnement économique, social et fiscal. On est ainsi amené à distinguer les « effets d'âge » dus strictement au déroulement du cycle de vie du ménage (par exemple augmentation du revenu au cours de la carrière, modifications des « unités de consommation » dans le ménage avec l'arrivée ou au contraire l'installation des enfants, disparition du conjoint) et les « effets de génération » liés au fait que ces « générations » sont marquées, par exemple, par le niveau moyen des salaires pratiqués lors de leur entrée en activité, par des changements de réglementation, voire par des circonstances historiques (guerres, catastrophes naturelles)[20]. Nous verrons cependant ci-après qu'une rigoureuse distinction entre ces deux effets est difficile.

Cette distinction entre **effet d'âge** et **effet de génération** se comprend bien à partir du graphique imaginé ci-après et censé rendre compte de résultats d'enquêtes ponctuelles menées tous les dix ans dans une économie supposée en croissance significative pendant un demi-siècle, comme c'était le cas en France pendant les Trente Glorieuses. Les courbes tirées de l'« instantané » de chaque enquête s'empilent les unes au-dessus des autres en raison de la croissance. Pour un âge

20. Lelièvre, Sautory et Pujol, dans *Niveau de vie par âge et génération entre 1996 et 2005*, INSEE, distinguent trois effets : effet d'âge, effet de génération et effet de date. Ce dernier effet saisit principalement l'influence de la croissance économique sur le pouvoir d'achat au moment de l'entrée en activité. La distinction entre effet de génération et effet de date ne nous paraissant pas s'imposer, nous avons rassemblé dans le texte ces deux effets sous l'expression « effet de génération ».

donné, par exemple les ménages de 25 ans, le pouvoir d'achat s'améliore fortement de dix ans en dix ans ; ils appartiennent en effet à des générations successives et la génération des enfants a toujours un pouvoir d'achat nettement supérieur à celui de la génération des parents.

Graphique 1 - Pouvoir d'achat selon l'âge de la personne de référence (revenu disponible brut par unité de consommation, résultats d'enquêtes fictives menées tous les dix ans sur un demi-siècle)

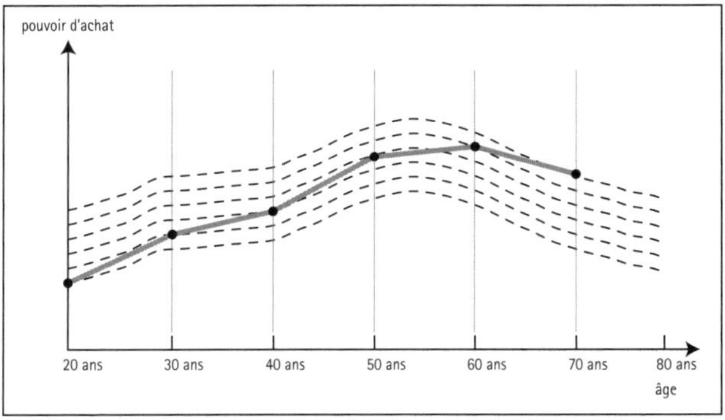

Source : graphique inspiré de Lelièvre, Sautory et Pujol, INSEE, « Les revenus et le patrimoine des ménages », édition 2010, page 24

Dans les enquêtes fictives dont est censé rendre compte le graphique ci-dessus, la génération des 20 ans, lors de la première enquête, en a 30 lors de la deuxième, 40 lors de la troisième, etc. La courbe qui se dessine ainsi sur le graphique est évidemment des plus théoriques : sa forte pente ascendante est due aux hypothèses musclées faites en ce qui concerne la croissance économique au cours de la période, hypothèses qui permettent une hausse rapide des revenus de la génération des 20 ans tout au long de leur cycle de vie, avec une baisse modérée à partir de 60 ans. On objectera donc que l'« effet d'âge » sur le cycle de vie n'est pas indépendant de l'« effet de génération » (ici la croissance économique).

C'est bien pourquoi, en pratique, la distinction entre effet d'âge et effet de génération est si difficile à faire et peut parfois paraître subtile : ainsi, la diminution de pouvoir d'achat liée à la baisse des revenus au moment de la cessation d'activité relève clairement de **l'effet d'âge**, mais le fait d'être retraité avec une indexation des retraites qui, de fait depuis 1986, et de droit depuis 1993, n'est plus sur l'évolution des salaires, mais sur celle des prix, relève d'un **effet de génération**. Ce changement de référence, en cas de croissance des salaires nettement plus forte que l'inflation, peut entraîner une baisse sensible du pouvoir d'achat relatif des retraités.

Malgré ces subtilités, essayons tout de même de fournir des illustrations un peu détaillées des influences exercées par chacun de ces deux effets.

Pouvoir d'achat et effets de génération

Il est rare de disposer d'enquêtes instantanées menées selon les mêmes méthodes sur des périodes très longues. L'INSEE a réalisé des tentatives de séparation des **effets d'âge** et des **effets de génération** à partir d'ERF couvrant la période 1996-2003 ou, au mieux, 1996-2005. Les générations suivies rassemblent des ménages dont la date de naissance de la « personne de référence » peut remonter jusqu'aux premières années de la décennie 1920.

Pour commencer par des constatations simples, l'observation du taux de croissance du pouvoir d'achat des ménages appartenant à une même classe d'âge sur une période suffisamment longue permet de mettre en évidence des influences qui relèvent d'**effets de génération**. Ainsi, dans le tableau ci-dessous, sont présentés les taux de croissance du pouvoir d'achat de classes d'âge largement définies (10 ou 15 ans) sur la période de sept ans allant de 1996 à 2003 ; il s'agit là d'une période malheureusement trop courte pour assurer le renouvellement complet des générations correspondant à chacune de ces classes d'âge.

Tableau 1 - Taux de croissance du pouvoir d'achat des différentes classes d'âge sur la période 1996-2003

Classes d'âge	Taux de croissance du pouvoir d'achat entre 1996 et 2003
16 à 30 ans	21,7
31 à 40 ans	11,3
41 à 50 ans	10,3
51 à 65 ans	13,7
66 ans et plus	8,1
Ensemble	11,7

Source : Lelièvre, Sautory et Pujol, op.cit., INSEE, « Les revenus et le patrimoine des ménages », 2010

L'effet de génération ressort en moyenne à un peu moins de 12 % de croissance réelle du pouvoir d'achat sur la période, soit une croissance annuelle de 1,6 %.

Cet effet est loin d'être homogène suivant les générations. Les jeunes générations qui ont transité au cours de la période dans la classe d'âge des 16-30 ans semblent avoir bénéficié d'un dynamisme particulier du pouvoir d'achat que l'INSEE devrait confirmer et expliciter. En sens inverse, les générations âgées qui transitent dans la dernière classe d'âge au cours de la période considérée ont vu leur pouvoir d'achat progresser médiocrement : nous avons vu plus haut que l'indexation des pensions sur les prix et non plus sur les salaires restreignait la solidarité entre générations et empêchait les retraités de profiter pleinement de la croissance économique d'ensemble.

Sur une période un peu plus longue qui couvre les années 1996 à 2005, l'INSEE a tenté de mieux distinguer les **effets d'âge et de génération**[21]. La succession des générations nées entre 1920 et 1940 fait apparaître une hausse assez nette du pouvoir d'achat : une génération a régulièrement un niveau de vie supérieur à celui de la précédente, sans doute du fait de conditions très favorables lors de l'entrée sur le marché du travail (période de reconstruction correspondant à la première moitié des « Trente Glorieuses »). En revanche les générations nées entre 1945 et 1960 connaissent un environnement beaucoup moins favorable (entrée sur le marché du travail au moment des deux crises pétrolières des années 1970). Les générations nées entre 1960 et 1970 retrouvent, quant à elles, des circonstances un peu plus favorables (en particu-

21. Lelièvre, Sautory et Pujol, *op.cit.* Les résultats de cette étude sont repris dans la Collection *INSEE Références*, « Les revenus et le patrimoine des ménages », édition 2011, pages 18 et 19.

lier, les dernières années des deux décennies 1980 et 1990), mais la croissance du pouvoir d'achat d'une génération à l'autre est cependant loin de retrouver le rythme de progression qui caractérisait la succession des générations d'avant-guerre.

L'ÉVOLUTION DU POUVOIR D'ACHAT AU COURS DU CYCLE DE VIE

Pour isoler **effets d'âge** et **effets de génération**, les chercheurs de l'INSEE ont utilisé un modèle économétrique dans lequel les deux effets sont supposés être additifs[22]. Cette hypothèse est fragile, car elle suppose que les effets d'âge ne sont pas influencés par les effets de génération, ce qui ne va pas de soi, comme l'a montré le commentaire du graphique 1 présenté plus haut. Admettons cependant cette hypothèse qui est évidemment bien commode, puisqu'elle permet de produire, sur le cycle de vie, un profil unique d'effets d'âge censés être les mêmes, quelle que soit la génération.

22. Voir Lelièvre, Sautory et Pujol, « Les revenus et le patrimoine des ménages », *ibid.*, pages 30 et 31.

Graphique 2 - Estimation des effets spécifiques de l'âge sur le pouvoir d'achat des Français (revenu disponible brut par unité de consommation)

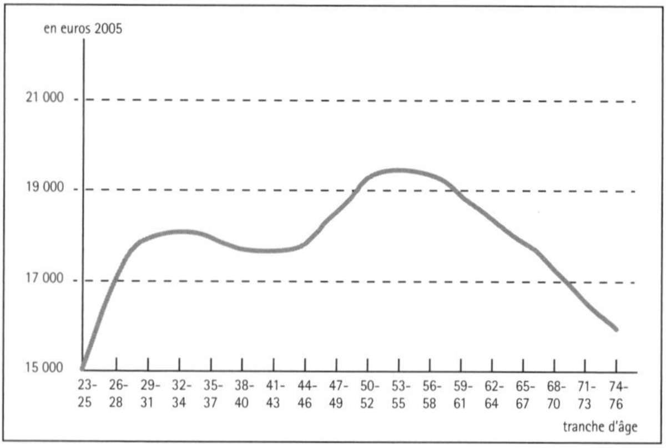

Source : INSEE, « Les revenus et le patrimoine des ménages », édition 2010, page 28

Avec cette hypothèse, une description assez précise des **effets de l'âge** sur le pouvoir d'achat des Français au cours de leur cycle de vie devient possible :

– Entre 23 et 31 ans, les ménages connaissent une phase de forte progression de leur pouvoir d'achat, sans doute de l'ordre de 20 % ; cette hausse est due, d'une part à l'entrée dans la vie active, d'autre part, à la vie en couple qui se diffuse et entraîne des économies d'échelle dans les dépenses ; partant de 1,3 à 23 ans, le nombre moyen d'unités de consommation dans le ménage reste inférieur à 1,6 à 31 ans, ce qui montre bien qu'en moyenne la charge associée à la présence d'enfants reste encore modérée.

– Entre 32 et 45 ans, on assiste à une période de stagnation du pouvoir d'achat : les ressources augmentent, certes, mais la descendance s'accroît et la taille du ménage progresse fortement ; c'est à 45 ans que le nombre d'unités de consommation est maximum (il est alors proche de 2 pour une moyenne générale de 1,6).

– Entre 46 et 55 ans prend place une deuxième période de hausse du pouvoir d'achat, de quelque 10 %, donc moins forte que la première ; deux facteurs expliquent cette évolution : le nombre d'« apporteurs de ressources » augmente (par exemple, grâce à la reprise d'activité d'un des deux conjoints), cependant que la taille du ménage diminue (les enfants s'installent et quittent le foyer) : à 55 ans, le nombre d'unités de consommation n'est plus que de 1,7 ; c'est à cet âge que le pouvoir d'achat annuel des Français atteint son maximum (19 600 euros en 2005 par unité de consommation), alors qu'on part à 23 ans d'un niveau à peine supérieur à 15 000 euros.

– Au-delà de 55 ans, le pouvoir d'achat commence à reculer ; certes, la taille des ménages continue à diminuer : à 60 ans, le nombre d'unités de consommation est de 1,5, ce qui correspond à une majorité de couples dont les enfants ne sont plus au domicile familial ; mais les revenus commencent également à se contracter, notamment en raison de la diminution du nombre d'actifs (problèmes d'emploi des seniors).

– Pour les ménages de 75 ans et plus, le nombre d'unités de consommation n'est plus que de 1,3, mais le pouvoir d'achat par unité de consommation est tombé à 15 700 euros, soit une diminution de 20 % par rapport au maximum atteint à 55 ans.

On observera que le critère du taux de pauvreté selon les conditions de vie[23] ne présente pas le profil inversé de « courbe en cloche » que montre le niveau de pouvoir d'achat. S'il est bien maximum chez les plus jeunes au faible pouvoir d'achat (de l'ordre de 20 %), il décroît ensuite assez régulièrement à mesure qu'on s'élève dans les classes d'âge pour passer au-dessous de 9 % chez les plus de 80 ans. Beau résultat de notre système de protection vieillesse, mais que dire du traitement que nous réservons aux jeunes ? Il faut cependant noter que la prise en considération, à côté des transferts publics, de ces transferts privés que sont les donations et héritages serait favorable aux moins de 40 ans. Cependant, les informations manquent encore pour que l'intégration de ces ressources soit réalisable[24].

Finalement, au terme de cette analyse, les **effets d'âge** paraissent évidemment plus réguliers que les **effets de génération**, même s'ils n'ont pas cette rigoureuse constance que supposent les chercheurs. Ils sont aussi plus marqués et risquent de le devenir d'autant plus à l'avenir que les **effets de génération** pourraient encore perdre de l'importance avec le ralentissement anticipé de la croissance économique de notre pays.

23. Il s'agit ici d'un taux de pauvreté défini par rapport aux conditions de vie : est déclaré pauvre un ménage qui cumule au moins huit privations ou difficultés. Voir INSEE, « *Les revenus et le patrimoine des ménages* », édition 2011, pages 118 et 119.

24. Il ne suffirait pas en effet de connaître le montant des transferts privés reçus par chaque classe d'âge ; il faudrait aussi pouvoir préciser la proportion de bénéficiaires dans chacune de ces classes. Voir, sur ce point Babeau, A., Zeana, A., « Le cycle de vie au travers des comptes nationaux », *Revue économique*, juillet 2005.

Chapitre 9

LES DIFFÉRENCES DE POUVOIR D'ACHAT PAR GROUPES SOCIAUX

Outre les décompositions du pouvoir d'achat des ménages selon l'âge, il existe d'autres partitions pour lesquelles de premiers résultats sont déjà disponibles et qui permettent d'aborder, sous un autre angle, l'importante question des inégalités.

PAS DE GRANDS ÉCARTS RÉGIONAUX, ÎLE-DE-FRANCE MISE À PART

L'INSEE a calculé des revenus disponibles par unité de consommation – ce que nous appelons pouvoir d'achat – pour les ménages situés dans les vingt-deux régions de la France métropolitaine[25]. Dans le tableau ci-après, nous donnons, pour l'année 2008, le niveau de pouvoir d'achat et un indicateur d'inégalité pour les cinq régions métropolitaines les plus aisées et pour les cinq les plus modestes.

25. « *Les revenus et le patrimoine des ménages* », édition 2011, page 109.

Tableau 1 - Le pouvoir d'achat des Français dans les régions métropolitaines en 2008 (en euros)

Les cinq régions les plus aisées	Revenu disponible brut par unité de consommation	Rapport interdécile D9/D1*
Île-de-France	26 400	4,1
Alsace	22 750	3,2
Rhône-Alpes	22 550	3,3
Provence-Alpes-Côte d'azur	21 820	3,6
Centre	21 580	3,0
Les cinq régions les plus modestes		
Basse-Normandie	20 680	3,0
Auvergne	20 670	3,1
Limousin	20 560	3,1
Corse	20 170	3,7
Nord-Pas-de-Calais	19 890	3,3
Métropole	22 110	3,4

**Neuf déciles séparent la population en dix groupes rassemblant chacun 10 % des ménages classés selon le niveau de leur pouvoir d'achat : D1 est ainsi le décile qui sépare les 10 % les plus modestes des 10 % qui ont un pouvoir d'achat immédiatement supérieur, etc. Le rapport D9/D1, appelé « rapport des déciles extrêmes », est un bon indicateur de la dispersion d'une distribution, ici celle des pouvoirs d'achat.*
Source : INSEE, « Les revenus et le patrimoine des ménages », édition 2011, page 109

Le pouvoir d'achat annuel moyen en Île-de-France est, sans grande surprise, d'un tiers supérieur à celui qui est observé dans le Nord-Pas-de-Calais (26 400 euros contre 19 890). Il faut toutefois observer que l'indicateur d'inégalité y est de loin le plus élevé, faisant apparaître à cet égard un maximum que l'on retrouve d'ailleurs dans les distributions de patrimoines et de revenus de cette région. S'agissant des douze régions qui ne sont ni parmi les plus aisées, ni parmi les plus modestes, leurs différents pouvoirs d'achat apparaissent comme très proches les uns des autres autour d'une valeur centrale de 20 000 euros et leur dispersion n'est pas non plus très différente du rapport moyen D9/D1 de 3,4.

Naturellement, de ces pouvoirs d'achat régionaux, en quelque sorte nominaux puisqu'il s'agit de revenu, il serait intéressant de passer à une comparaison des pouvoirs d'achat **réels**, en tenant compte de niveau de prix éventuellement différents d'une région à l'autre. Ainsi, en matière de logement, si le pouvoir d'achat du Nord-Pas-de-Calais est d'un quart inférieur à celui de l'Ile-de-France, on ne peut s'empêcher de penser qu'une partie non négligeable de cet écart doit être compensé par la différence existant en matière de prix du logement. De même, en ce qui a trait à l'évolution des pouvoirs d'achat respectifs, on a l'impression que les évolutions de prix ne doivent pas jouer un grand rôle dans d'éventuels changements du classement des régions : entre 1996 et 2006, en effet, l'indice traditionnel des prix à la consommation a crû, pour la région la plus inflationniste, de 1,57% dans l'Ouest et, pour la région qui l'est le moins, de 1,47% en Région parisienne (*Rapport Quinet*, page 121), un écart relativement minime. Mais on a vu précédemment que cette mesure des variations de prix ne tenait sans doute pas suffisamment compte de l'évolution des prix liés au logement. Les indices de prix régionaux devront donc également faire l'objet d'améliorations.

Selon la catégorie socioprofessionnelle, un éventail assez ouvert

Il s'agit d'un regroupement des ménages selon la catégorie socioprofessionnelle de la « personne de référence » (ex-« chef de ménage »).

En 2008, le pouvoir d'achat des cadres et professions intellectuelles supérieures était plus du double de celui des ouvriers et des agriculteurs exploitants. On observera le pouvoir d'achat moyen relativement élevé des artisans, commerçants et chefs d'entreprise, mais avec une très forte dispersion au sein du groupe. Celui-ci fait d'ailleurs ressortir un taux de pauvreté élevé traduisant bien la concentration des pouvoirs d'achats qui le caractérise. Les ménages d'ouvriers et d'employés ont, quant à eux, des pouvoirs d'achat assez proches.

Tableau 2 - Le pouvoir d'achat des ménages selon la catégorie socioprofessionnelle en 2004 (en euros courants)

Catégorie socioprofessionnelle	Revenu disponible brut par unité de consommation	Évolution en moyenne annuelle 1996-2004 (en %)
Cadre, profession intellectuelle supérieure	28 619	1,2
Artisan, commerçant, chef d'entreprise	21 537	2,1
Profession intermédiaire	19 224	1,2
Retraité	17 294	1,1
Employé	14 905	1,3
Ouvrier	14 183	1,6

.../...

.../...

Agriculteur exploitant	14 126	2,2
Autres inactifs*	13 237	2,2
Ensemble de la population métropolitaine	**18 030**	**1,6**

**Et chômeurs n'ayant jamais travaillé.*
Source : Rapport du CAE de 2007, page 18

Si on laisse de côté la catégorie très hétérogène des « autres inactifs », sur la période 1996-2004, c'est le pouvoir d'achat des agriculteurs et celui des artisans et commerçants qui ont progressé le plus vite. Celui des ouvriers a également assez bien « performé », soutenu probablement par les hausses successives du SMIC et par l'accroissement de la proportion d'ouvriers qualifiés au sein du groupe. Les quatre catégories qui font ressortir la croissance la plus modeste sur la période sont donc les cadres, les professions intermédiaires, les employés et surtout les retraités. En ce qui concerne ces derniers, on pointera à nouveau la revalorisation des pensions sur les prix et non plus – depuis 1986 – sur les salaires. Il faut tout de même signaler qu'au-delà de 2004, la progression de leur pouvoir d'achat s'est redressée en raison du départ à la retraite de générations de salariés à carrière plus longue.

Enfin, de façon générale, sur la période étudiée, l'évolution du pouvoir d'achat des indépendants paraît plus erratique que celle du pouvoir d'achat des salariés, ce qui ne saurait surprendre.

Ces résultats ont été obtenus à partir des seules évolutions des composantes du revenu des différentes

CSP et en utilisant l'évolution de cet indice général des prix qu'est l'IPC.

On ne disposait malheureusement pas encore fin 2007 d'indices de « prix catégoriels » tenant compte des différences dans la structure de consommation de ces diverses CSP. *A priori*, on peut penser que la référence à des prix catégoriels réalistes ne bouleverserait pas le classement établi ci-dessus en ce qui concerne la progression des pouvoirs d'achat. En effet, des indices de « prix catégoriels », tenant compte cette fois des structures spécifiques de consommation des différentes CSP, ont été calculés en 2008, non pas sur la période 1996-2004, mais entre 1996 et 2006. Nous les avons rassemblés dans le tableau ci-après.

Tableau 3 - Indices catégoriels de prix selon la CSP – Évolution annuelle entre 1990 et 2006

Catégorie socioprofessionnelle	Croissance annuelle moyenne (en %)
Agriculteur	1,60
Ouvrier	1,60
Artisan, commerçant, chef d'entreprise	1,56
Employé	1,55
Profession intermédiaire	1,48
Cadre	1,45
Ensemble (IPC)	1,53

Source : Rapport Quinet, 2008

Pour une croissance annuelle moyenne de l'indice général de 1,53 % par an, ce sont les ouvriers et les agriculteurs qui subissent les augmentations les plus fortes (1,6 % pour les deux) et les cadres qui enregistrent l'augmentation la plus faible. Il s'agit là d'écarts significatifs, mais tout de même modestes, qui semblent donc bien confirmer que, comme dans les régions, les différences dans l'évolution des pouvoirs d'achat entre CSP pourraient provenir davantage de l'évolution des revenus que de celle des prix.

Des écarts importants au sein même de la population immigrée

Compte tenu des contraintes qui pèsent sur les statistiques ethniques, les informations concernant le pouvoir d'achat des immigrés en France sont rares. Ces derniers représentent pourtant 8 % de la population métropolitaine. Est donc bien venue la publication récente dans ce domaine par l'INSEE de données fort intéressantes.

Globalement, en 2008, le pouvoir d'achat annuel des ménages d'immigrés dans une définition stricte (« personne de référence » et éventuellement conjoint immigrés) était de plus de 30 % inférieur à celui des ménages non immigrés (15 540 euros contre 22 680) (tableau 4). Dans une définition un peu moins restrictive, le pouvoir d'achat des ménages dont la « personne de référence » est immigrée (mais pas forcément le conjoint) est déjà supérieur à celui que donne la définition précédente (17 820 euros contre 15 540 soit quelque 15 % de plus)[26]. Dans ce dernier cas, le passage à la génération suivante (enfants d'immigrés) fait apparaître un progrès de 10 % du pouvoir d'achat

26. « *Les revenus et le patrimoine des ménages* », édition 2011, page 74.

(19 570 euros contre 17 820) dont il serait intéressant de savoir ce qu'il doit à la hausse du revenu, mais aussi probablement à la diminution de la taille de la famille. Ce niveau reste pourtant encore de près de 15 % inférieur à celui des Français de souche. Il faudrait donc attendre, semble-t-il, la troisième génération pour que l'intégration définie par l'égalité des pouvoirs d'achat soit réalisée.

Les descendants d'immigrés européens ont, quant à eux, un pouvoir d'achat très proche de celui de descendants de non-immigrés.

Revenons aux immigrés de la première génération dans la définition stricte, auxquels est consacré le tableau ci-dessous.

Tableau 4 - Pouvoir d'achat en 2008 des ménages dont la personne de référence et, le cas échéant, son conjoint sont immigrés

Origine géographique de la « personne de référence » et de son conjoint	Effectifs des personnes vivant dans les ménages considérés (en milliers et en %)	Pouvoir d'achat du ménage (en euros courants)	Taux de pauvreté* (en %)
Immigrés	(8,0 %)	15 540	35,4
- Afrique	2 416 (4,0 %)	13 530	42,6
- Europe	1 503 (2,5%)	19 050	22,6
- Autres pays	889 (1,5%)	15 040	37,2
Non-immigrés	55 378 (82%)	22 680	11,1
Ensemble population métropolitaine	**60 186 (100 %)**	**22 110**	**13,0**

**Pouvoir d'achat inférieur au seuil de 60 % du revenu médian de l'ensemble des ménages de la France métropolitaine.*
Source : INSEE, « Les revenus et le patrimoine des ménages », édition 2011, page 135

Les écarts de pouvoir d'achat selon l'origine géographique de l'immigré sont évidemment importants : un ménage d'immigrés d'origine africaine a un pouvoir d'achat de près de 30 % inférieur à celui d'un ménage originaire d'Europe. On observera également le taux de pauvreté de 35 % pour l'ensemble des ménages immigrés contre seulement 11 % pour les non-immigrés ; mais parmi les immigrés, ce taux atteint 43 % pour les ménages originaires d'Afrique.

D'autres mises en évidence d'écarts entre les pouvoirs d'achat de groupes sociaux sont évidemment possibles, par exemple selon le type de famille (familles monoparentales, couples avec un seul actif, couples bi-actifs avec ou sans enfants, etc.). Les travaux en cours à l'INSEE devraient prochainement nous permettre d'enrichir les observations en matière non seulement de pouvoir d'achat, mais aussi, on le souhaite, de niveau de vie de ces diverses catégories de ménages, c'est-à-dire en termes de revenu « ajusté » par unité de consommation.

Chapitre 10

LES INCERTITUDES DE LA PROCHAINE DÉCENNIE

Au tournant de l'année 2011-2012, les Français faisaient preuve d'une grande morosité. Selon l'INSEE, leur moral était au plus bas depuis le sombre mois d'octobre 2008 qui a suivi la retentissante faillite de la banque américaine Lehman Brothers. Sur cinquante et un pays où l'Institut Gallup a enquêté, la France était à nouveau le plus pessimiste : quatre Français sur cinq s'attendaient en effet à une année 2012 difficile. Plus précisément, une troisième enquête faisait apparaître que 54 % des Français anticipaient une baisse de leur pouvoir d'achat à un horizon assez proche ; étaient en particulier invoquées la hausse du prix du gaz, celle du prix des carburants et fiouls domestiques et les conséquences de la perte du triple A. Il n'est donc pas étonnant en conséquence qu'un dernier sondage, réalisé au tout début de 2012, mette en évidence que les deux tiers des Français envisageaient de réduire leurs dépenses au cours des mois à venir ; ces réductions devaient porter en premier sur les vacances et loisirs, mais aussi sur l'habillement et le chauffage et même sur l'utilisation de la voiture et l'alimentation.

Il ne s'agissait là que d'anticipations concernant le court terme. Que peut-on dire à un horizon plus éloigné de l'évolution de l'environnement économique des Français ? C'est évidemment toute la problématique de la croissance de notre économie qui est en cause.

Trois scénarios nous semblent pouvoir être évoqués :

– Le scénario optimiste reposant sur la métaphore du « **tunnel** » : un moment difficile à passer – deux à trois ans par exemple –, mais ensuite tout redevient comme avant (mais comme avant quoi ?). Ce mythe avait déjà servi lors de l'entrée dans la crise pétrolière des années 1970 ; on sait ce qu'il en est advenu ; il a timidement ressurgi pendant quelques semaines à la fin de l'année 2010 pour sombrer définitivement au deuxième trimestre 2011.

– L'entrée définitive et irréversible de la France et de plusieurs autres pays du sud de l'Europe dans ce qu'il est convenu d'appeler une **économie stationnaire**, dont la progression du pouvoir d'achat d'une génération à l'autre disparaît complètement.

– Enfin, un scénario dit de **croissance réaliste**, qui reposerait sur près d'une décennie de très faible croissance, suivie par une période comportant une certaine reprise, mais évidemment sous certaines conditions et à un rythme qui resterait modeste.

C'est ce troisième scénario que nous privilégions. Ce n'est pas un scénario de « décennie perdue ». Il faudra au contraire que, du point de vue national et international, cette décennie soit utilisée pour préparer le rebond des années suivantes. Il nous faut évidemment justifier ce choix.

L'ÉTAT STATIONNAIRE IMPOSÉ OU CHOISI

La baisse tendancielle de la progression du pouvoir d'achat des Français à laquelle nous avons assisté depuis plusieurs décennies nous amène à nous interroger sur l'existence d'une « asymptote » à croissance, non pas négative, mais au moins nulle. Cette croissance nulle serait l'aboutissement de ce lent ralentissement. Elle correspondrait à ce que les économistes appellent une « économie stationnaire ». Dans le graphique 1 du chapitre 8, où l'on voyait le pouvoir d'achat des différentes générations s'élever progressivement d'une enquête décennale à l'autre, les différentes courbes en viendraient à se recouvrir pour n'en faire plus qu'une aboutissant à dessiner les variations du pouvoir d'achat au cours d'un « cycle de vie » associé à une économie stationnaire. Le niveau de vie des enfants ne serait plus jamais supérieur à celui de leurs parents. Historiquement, la Chine des mandarins qui s'étend sur de longs siècles est souvent donnée comme l'illustration d'une économie stationnaire.

Quelques années après le rapport Meadows du Club de Rome (1972), publication qui fait date dans la pensée économique en soulignant les effets dévastateurs d'une croissance économique trop rapide, Nicholas Georgescu-Roegen, économiste roumain enseignant à Harvard, publie un ouvrage intitulé *La décroissance* (Sang de la Terre, 2006, 3e éd.) avec comme sous-titre : *Entropie-Écologie-Économie*. L'entropie dont il est question correspond aux désordres et aux gaspillages irréversibles que cause une utilisation débridée du patrimoine naturel. Ses idées sont largement reprises et commentées dans la revue *Entropia, Revue d'étude théorique et politique de la décroissance*, apparue en France en 2006. De son côté, le regretté dramaturge et homme d'État tchèque Václav Havel, penseur du post totalitarisme, s'interrogeait sur la signification de la poursuite effrénée de la consommation et de ce qu'il appelait « la croissance de la croissance », c'est-à-dire le trop d'importance donné à ce seul critère.

Certes, nous avons vu réapparaître après chaque grande crise les interrogations concernant l'économie stationnaire, mais cette fois-ci, l'issue de la crise pourrait être différente : le risque pour les pays avancés, après la « Grande récession » de 2007-2012, d'un fort tassement de la croissance est à prendre au sérieux. On ne parle d'ailleurs plus seulement maintenant d'état stationnaire, mais de décroissance et, bien sûr, il y a ceux qui la souhaitent, ceux qui la prédisent… et aussi ceux qui la redoutent.

Après la période de la « Grande modération » (les dernières décennies du XXe siècle), que certains ont crue pérenne, les Français comme les citoyens d'autres pays avancés sont-ils menacés d'une décroissance durable de leur niveau de vie ? Il est clair que les occasions d'investissement – dont la disparition a toujours été associée au modèle d'économie stationnaire – se sont déplacées, d'abord des pays avancés vers les émergents – les BRIC (Brésil, Russie, Inde et Chine) – et désormais vers les « périphériques » – Indonésie, Vietnam et certains pays latino-américains ou africains, par exemple. À cette insuffisance de l'investissement dans les économies parvenues à maturité s'ajoute la difficile résorption du surendettement public dans nombre d'entre eux, résorption qui ne pourra être réalisée qu'à moyen ou long terme.

D'évidentes pesanteurs qui devraient conduire à une quasi-stagnation du niveau de vie des Français

Les menaces qui pèsent sur l'évolution du pouvoir d'achat ou du niveau de vie des Français peuvent provenir soit du ralentissement de la croissance des revenus nominaux et des prestations sociales, soit, à ressources stables, d'une forte augmentation des prix réduisant leur pouvoir d'achat réel, situation qui est souvent appelée « stagflation ». Ce terme est apparu dans les années 1970 où les deux crises pétrolières avaient provoqué simultanément, dans une majorité de pays développés, une forte hausse de l'ensemble des prix et un net ralentissement de la croissance des revenus.

Côté **ressources**, en ce qui concerne les **revenus d'activité**, une forte pression externe sur les revenus, au moins des peu qualifiés, et, à l'intérieur, de faibles gains de productivité ne joueront évidemment pas dans le sens de l'augmentation. Mondialement, il existe d'importantes surcapacités sectorielles : dans la sidérurgie, l'automobile et la construction navale par exemple, mais aussi dans l'aéronautique, le raffinage, la pétrochimie et les produits blancs. Les points forts de la France se limitent pour le moment à l'aéronautique, à l'agroalimentaire et au secteur du luxe. Autant dire que la ré-industrialisation de notre pays devra se faire sur des créneaux soigneusement choisis et en faisant apparaître des coûts unitaires qui répondent aux normes internationales si nous voulons à nouveau équilibrer notre commerce extérieur. Le développement de la demande interne, quant à lui, s'oriente vers des secteurs tels que l'éducation et la formation professionnelle, le tourisme et la santé, avec le net vieillissement de la population ; or, il s'agit là de secteurs de services où les gains de productivité sont spécialement faibles et donc peu susceptibles de supporter de fortes augmentations des rémunérations.

Enfin, si nous voulons réduire notre taux de chômage de façon significative, il faudra aussi serrer au plus près la progression de notre salaire minimum qui est actuellement l'un des plus élevés d'Europe (il n'existe pas, en Allemagne, de salaire national minimum).

En ce qui a trait aux **prestations sociales**, il faut distinguer les prestations sociales en espèces qui transitent par les comptes de la Sécurité sociale et les prestations en nature dont une bonne partie (notamment, nous l'avons vu, tout ce qui est éducation) passe par le budget de l'État. Dans l'un et l'autre cas, les exigences du désendettement se traduiront par une maîtrise indispensable de ces dépenses : refondation de notre protection sociale privilégiant le soutien des groupes les plus modestes, d'un côté, nouveaux modes de financement de nos établissements d'enseignement supérieur, de l'autre. Cela signifie que les consommations non marchandes, dont nous avons vu le rôle moteur dans la progression du niveau de vie des Français encore dans un passé récent, risquent, à l'avenir, de ne plus jouer ce rôle.

Cette faible progression des revenus nominaux ne risque-t-elle pas en outre d'être rognée par une **reprise de l'inflation** ? Ici, les choses sont sans doute moins claires. La concurrence internationale jouera, encore pour un certain nombre d'années, dans le sens de la modération des prix de nombreux produits. La crise a même fait réapparaître, ici ou là, le spectre de la déflation des années 1930. Mais des signes de nette augmentation de certains prix ne sont pourtant pas niables. Dans le secteur pétrolier et dans celui de nombreuses autres matières premières, bien sûr ; mais aussi dans la construction avec la prise en compte des nouvelles normes environnementales. Plus généralement, la croissance « propre » aura un coût. Enfin, le changement de mode de financement de la protection sociale peut aussi entraîner certaines hausses de prix (« TVA sociale »). De sorte que plusieurs économistes ont soutenu que, même dans les pays avancés, une inflation tendancielle au-dessus des 2 % fatidiques était envisageable à un horizon rapproché. Certains comme Olivier Blanchard, chef économiste du FMI, l'ont même très explicitement souhaité[27]. La « stagflation » n'est donc pas une hypothèse chimérique. Elle pourrait être associée à un tassement des salaires réels.

N'oublions pas non plus que l'inflation est l'un des meilleurs moyens pour résorber des dettes trop importantes : en dehors de ceux qui détiennent des obligations indexées sur l'inflation, les créanciers des États se verraient rembourser en euros ou en dollars ayant perdu de leur valeur. Cependant, pour retrouver la croissance et rééquilibrer leurs comptes extérieurs, les États lourdement endettés devront surtout redevenir compétitifs et donc contenir leurs prix. En matière de réduction de l'endettement public, il leur faudra donc plus sûrement en passer par la réalisation d'excédents primaires positifs (hors intérêts de la dette) dans les comptes des administrations.

Bien sûr, dans la durée, des facteurs existent qui peuvent contribuer à faire sortir les Français de cette période de marasme du pouvoir d'achat et du niveau de vie.

DANS LA DURÉE, DE MULTIPLES FACTEURS DE REBOND

Il existe de nombreux phénomènes jouant en sens inverse de ceux que nous venons d'évoquer. Pour ne pas ouvrir un long débat, nous ne ferons que les mentionner

27. Blanchard a préconisé une inflation à 4 % qui faciliterait le désendettement des États. Plus récemment, l'économiste américain Paul Krugman, prix Nobel d'économie en 2008, s'est rallié à cette idée pour abaisser les salaires réels trop élevés dans les pays du sud de l'Europe (« dévaluation interne » puisque, dans la zone euro la dévaluation externe n'est pas possible).

brièvement. Évoquons d'abord des phénomènes que l'on peut qualifier en quelque sorte de « mécaniques » :

- **le progrès technique lui-même**, toujours multiforme et difficile à prévoir dans ses conséquences, mais dont l'Europe doit pouvoir tirer parti ;
- **le développement des classes moyennes dans les pays émergents** qui se traduira par un tassement des exportations en provenance de ceux-ci et en direction des pays avancés ;
- **la réussite en France d'une ré-industrialisation** qui à terme peut réserver de bonnes surprises.

D'autres phénomènes sont de nature institutionnelle :

- **les progrès** qui doivent être accomplis **dans la gouvernance européenne** et dans la gouvernance mondiale, progrès qui en stabilisant la croissance de notre planète peuvent nous éviter de douloureux épisodes ;
- plus particulièrement, **une surveillance et un contrôle plus efficaces des différentes institutions financières** devraient pouvoir nous épargner les chocs correspondant aux « éclatements de bulles » sur des marchés souvent auto-déséquilibrants ;
- la mise en place au niveau mondial **d'une concurrence fondée sur le principe de la réciprocité** éliminerait diverses formes de « dumping » ;
- la pratique par les gouvernements et les banques centrales d'**une politique raisonnable des changes** devrait également jouer dans le sens du rééquilibre des échanges ;
- enfin, il faut souhaiter, notamment dans notre pays, l'apparition de **responsables politiques davantage conscients de ce que sont les véritables pouvoirs de l'État** et de ce qu'est une action dans la durée.

Toutes les évolutions que nous venons de mentionner sont possibles, sinon probables, mais il s'agit de tendances qui ne peuvent se confirmer que sur une durée plus ou moins longue, au moins cinq à dix ans. Pendant ce temps, les contraintes liées au désendettement des administrations et à la redynamisation de notre économie pèseront sur la progression du pouvoir d'achat des Français de la manière qui a été décrite. Les économistes fixent actuellement la **croissance potentielle** du PIB de la France, au cours des années à venir à environ 1,5 % par an. C'est la limite haute du rythme de croissance que notre économie est censée pouvoir atteindre[28]. Le revenu réel de l'ensemble des ménages pourrait croître à un rythme inférieur si, comme on peut le penser, on assiste à des augmentations sensibles de prélèvements fiscaux, sinon sociaux. Comme, par ailleurs, en raison de l'augmentation de la population, le nombre d'unités de consommation croîtrait probablement au rythme de 0,8 % par an, la croissance potentielle du **pouvoir d'achat** (revenu disponible par unité de consommation) serait inférieure à 0,8 %, en supposant qu'il n'y aura pas de recul trop marqué des prestations sociales en espèces.

Quant au **niveau de vie**, notion plus large qui tient compte des prestations en nature financées par les « administrations », il devrait progresser moins vite encore, en raison des efforts indispensables qui devront être faits pour faire reculer l'endettement public.

28. Il faut avoir l'âme chevillée au corps pour prévoir, comme le font les deux principaux candidats à l'élection présidentielle de 2012, un retour à près de 2,5% dès 2014.

Nous sommes donc bien dans un scénario de **quasi-stagnation du niveau de vie** des Français qui pourrait s'étendre sur toute la période au terme de laquelle la croissance potentielle de notre économie retrouverait la zone des 2 à 2,5 % par an, peut-être au cours de la seconde moitié de l'actuelle décennie.

La quasi-stagnation du niveau de vie proviendra, pour partie, de la faiblesse de la progression des revenus d'activité dans l'attente d'une diminution significative du taux de chômage et, pour partie, de la très modeste croissance des prestations sociales en espèces comme en nature. La reprise résulterait d'une bonne maîtrise de l'inflation (développement, entre autres, des nouvelles énergies) et d'un accroissement des revenus d'activité dû à l'augmentation de la proportion d'actifs, mais pas des prestations sociales qui resteront, quant à elles, plafonnées par la « règle d'or » d'équilibrage des finances publiques, même si celle-ci ne figure pas explicitement dans notre Constitution.

D'ICI 2015, VOIRE 2020, LE SCÉNARIO DE LA QUASI-STAGNATION DU NIVEAU DE VIE DES FRANÇAIS EN CLAIR

Les principales caractéristiques d'une esquisse de ce scénario pourraient être les suivantes :

- **Une croissance de la population** qui se maintiendrait à un rythme encore peu inférieur à 0,5 % par an et un PIB qui croîtrait entre 1 et 1,5 %, soit une croissance du PIB par tête très modeste comprise entre 0,5 et 1 % par an.

- Le revenu disponible des ménages, en faisant l'hypothèse optimiste d'une stabilité des prélèvements, croîtrait au mieux au même rythme que le PIB ; avec un nombre d'unités de consommation en augmentation de 0,8 % par an, on aurait donc une croissance maximale du **pouvoir d'achat** (revenu par unité de consommation) comprise entre 0,2 et 0,7 % par an et une croissance du **niveau de vie** (revenu « ajusté » par unité de consommation) plus faible encore.
- La **consommation marchande** pourrait cependant s'accroître plus vite que le revenu en raison d'une baisse du taux d'épargne des ménages, par exemple de 16 à 12 % de leur revenu ; du point de vue microéconomique, cette baisse serait rendue possible par le retour progressif de la confiance dans une économie en voie de convalescence et par le développement du crédit que permettra la meilleure santé des grands réseaux bancaires ; d'un point de vue macroéconomique, cette baisse de l'épargne des ménages serait compensée par une augmentation de celle des administrations (État et Sécurité sociale, notamment) liée au recul de l'endettement public.
- Les prestations sociales en espèces et en nature seront fortement contraintes, de sorte qu'on observerait une diminution de la part des **prestations en espèces** dans le revenu traditionnel et de la part des **prestations en nature** dans le revenu « ajusté ».
- Dans la composition de la consommation marchande, la part des dépenses d'**éducation** et de **santé** devrait donc augmenter ; autrement dit, les « consommateurs » devraient payer directement une plus grande part de leurs « consommations » d'éducation supérieure et de santé.
- Le **caractère redistributif** de l'ensemble des prestations sociales pourrait cependant être maintenu ou

même s'accroître dans la mesure où beaucoup de ces prestations deviendraient dégressives à mesure qu'on s'élèverait dans l'échelle des pouvoirs d'achat ; notre cohésion sociale s'en trouverait confortée*.

- Si les enfants n'ont plus alors un revenu régulièrement plus élevé que celui de leurs parents, l'évolution du pouvoir d'achat au cours du **cycle de vie** ne devrait pas connaître de grandes modifications, scandée qu'elle est par le profil des carrières, l'arrivée, l'éducation, puis l'établissement des enfants (la fécondité resterait relativement élevée), enfin, la cessation d'activité.

**On pourra se référer sur ce point à « Refonder notre protection sociale », par André Babeau, Commentaire, vol. 34/n° 136, hiver 2011-2012.*

Dans ce long intervalle qui nous sépare du retour de la croissance, si l'on considère que le niveau de vie exprimé sous forme monétaire n'est qu'un indicateur très imparfait de l'évolution réelle du **bien-être**, il faudra, pour avoir une vue plus complète des choses, multiplier le suivi d'indicateurs non monétaires, objectifs et subjectifs ; ceux-ci devront concerner les différents domaines qui ne sont pas nécessairement corrélés avec l'évolution des grandeurs monétaires : disparités de patrimoines et de revenus, degré de cohésion sociale, taux de pauvreté, niveau d'éducation, espérance de vie, conditions de santé. On rappellera ici l'existence déjà ancienne de l'IDH, Indicateur de Développement Humain du Programme des Nations unies pour le développement (PNUD) et celle des indicateurs de bien-être de l'OCDE.

Pouvoir d'achat, **niveau de vie** et **bien-être** constituent en effet des réalités distinctes, plus complémentaires que substituables, dont aucune ne doit être perdue de vue dans l'appréciation des performances de nos sociétés complexes.

CONCLUSION

Pendant des décennies, la croissance du niveau de vie des Français a, pour une bonne part, dépendu de celle des prestations sociales. En vivant directement à crédit pendant dix ans, les Américains ne nous ont rien appris. Nous faisions de même depuis plus longtemps, mais, indirectement, par le biais des déséquilibres des comptes de nos administrations.

Au cours des deux ou trois dernières décennies, la croissance du pouvoir d'achat des Français a cependant décéléré plus ou moins régulièrement. Depuis environ dix ans, les particuliers ressentent cette décélération plus fortement que les statisticiens ne la mesurent. Le suivi du « ressenti » de l'évolution du pouvoir d'achat nous paraît d'ailleurs aussi important que celui de sa « mesure ». Il est en effet une composante subjective du bien-être.

S'agissant des prochaines années – pour une période qui ne sera pas la simple traversée d'un tunnel –, il est malheureusement probable que les observations des statisticiens auront tendance à rejoindre le « vécu » des évolutions par nos concitoyens.

En cette période de quasi-stagnation, eu égard à leur consommation marchande, les Français globalement disposent d'une marge d'adaptation : l'abaissement de leur taux d'épargne qui reste l'un des plus élevés d'Europe. Mais cela ne sera pas possible pour ceux d'entre eux dont l'épargne est déjà inexistante ou ceux dont elle est « contrainte » (propriétaires remboursant leurs emprunts). Au cours de cette période, notre système de prélèvements-prestations devra maintenir, voire accroître sa « redistributivité », afin que les plus démunis puissent continuer de bénéficier de ce « filet de sécurité » qui est le propre des démocraties dans les pays avancés.

L'augmentation des prix des logements en France est, spécialement pour les jeunes, la source de sérieuses difficultés qu'on retrouve beaucoup moins, par exemple, dans un pays comme l'Allemagne. Tout a-t-il réellement déjà été fait en France pour résoudre ce problème ? Il est vrai que les disparités régionales et locales à cet égard ne facilitent pas la mise en œuvre de solutions simples et uniformes.

Plus généralement, l'évolution de la part des dépenses « contraintes » dans l'ensemble des dépenses des Français devra faire l'objet de réflexions approfondies. Du point de vue psychologique, il est certain que la préservation d'une marge à l'intérieur de laquelle peuvent librement s'exprimer certaines préférences, même modestes, joue un rôle important dans le jugement que portent les personnes sur leur situation financière.

De leur côté, en matière de maintien ou de croissance du niveau de vie des Français, les pouvoirs publics accroîtraient leur efficacité en reconnaissant que, comme l'a dit Lionel Jospin, « *l'État ne peut pas tout* », et en ayant donc une plus claire conscience de la distinction à opérer entre les domaines où son intervention est indispensable et ceux où elle est superflue, voire nuisible.

Notre salut est dans une nouvelle croissance des revenus d'activité. Il y faudra plusieurs ruptures avec nos habitudes de vie. Beaucoup dépendra donc de la lucidité et du réalisme avec lesquels les différents acteurs de notre société sauront choisir de nouvelles règles et conventions pour renforcer sa cohésion et poursuivre son développement.

INDEX

B

bien-être 127

biens et services 46

C

catégorie socioprofessionnelle 108

coefficient Gini 59

consommation 16

- composition 17
- effective 21, 40, 47
- marchande 16, 126
- non marchande 23
- normes sociales 80
- unité de 33, 42, 50

crise 23

croissance

- nulle 117
- réaliste 116

cycle de vie 101, 127

D

dépenses de santé 22

E

économie stationnaire 116

éducation 22, 126

effet

- d'âge 95, 100
- de génération 95, 99

Engel Ernst 17

équivalent-adulte 33

euro 76

évolution 71

I

inflation 121

L

logement 18, 87

- coût 90

luxe 18

N

niveau de vie 26, 39, 42, 51, 69, 119

- stagnation 125

P

pauvreté 62
personne de référence 108
population 31
pouvoir d'achat 26, 44, 71
  âge 94
  décélération 34
  disparités 57
  évolution 101
  évolution observée 73
  évolution perçue 73
  immigrés 111
  région 105
prestations sociales 65, 120
prix 46, 74
  catégoriel 110
  indice général 83
  relatif 83

R

ressource 119
revenu 28
  ajusté 39, 51
  arbitrable 85
  d'activité 41, 119
  disponible 50
  écarts 78
  nominal 28
  propriété 41
  réel 28

S

santé 126
secteur des ménages 29
stagflation 119
syndrome du réverbère 86
système de prélèvements-prestations 67

T

transfert
  en espèces 66
  en nature 65
transport 19
tunnel 116

V

vouloir d'achat 25